Die 12 Spielfelder des Fußballs

Entwürfe für die Zukunft – Band 30

Kontakt: www.HarryEilenstein.de
Harry.Eilenstein@web.de
Harry Eilenstein bei youtube

Verlag: BoD · Books on Demand GmbH, Überseering 33, 22297 Hamburg, bod@bod.de
Druck: Libri Plureos GmbH, Friedensallee 273, 22763 Hamburg

ISBN: 978-3-8192-0940-6

Inhaltsübersicht

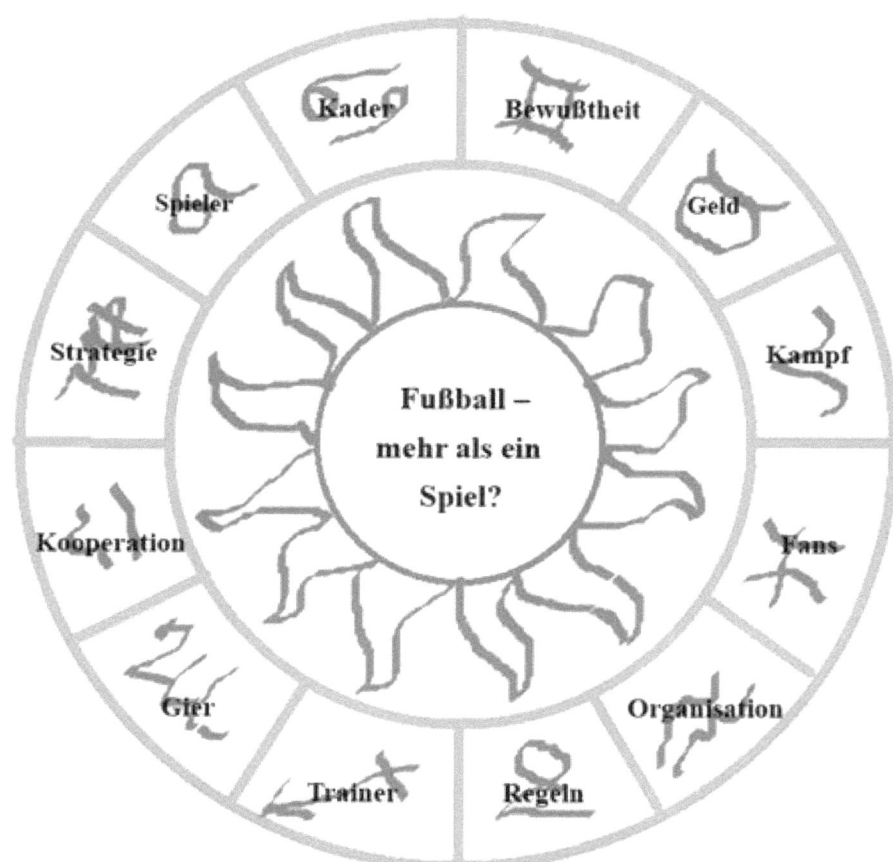

Warum 12?

Alle Bücher dieser Reihe haben genau 12 Kapitel – was sich ja auch in den Titeln dieser Bücher widerspiegelt. Warum?

In diesen Büchern wird der Tierkreis als Matrix von 12 verschiedenen Sichtweisen auf die Welt verwendet, um das Thema des Buches möglichst umfassend in 12 Kapiteln zu betrachten. Dadurch wird eine ausgewogenere, umfassendere und tiefere Einsicht in das jeweilige Thema erlangt als es ohne ein solches Raster, ohne eine solche Matrix möglich wäre.

Der Tierkreis wird in dieser Buch-Reihe als Forschungs-Hilfsmittel benutzt, durch das die Einseitigkeiten in der Betrachtung zumindest vermindert werden können. Weiter-hin werden durch dieses Vorgehen diese 12 Sichtweisen auch als Ergänzungen zueinander, als organische Teile eines Ganzen deutlich.

Die Inspiration zu diesem Vorgehen stammt aus Hermann Hesses Roman „Das Glasperlenspiel", für das er 1946 den Literatur-Nobelpreis erhielt. In diesem Roman beschreibt er die öffentlichen Darstellungen von Übersichten und Gesamtbetrach-tungen, die mithilfe von verschiedenen allgemeinen Strukturen wie z.B. dem Ba Gua aus dem chinesischen Feng-Shui angefertigt und aufgeführt werden.

Diese Buch-Reihe ist ein Versuch, Hesse's Idee im ganz Kleinen konkret zu verwirklichen.

Die Blickwinkel der 12 Tierkreiszeichen sind:

♈	Widder:	Spontaner
♉	Stier:	Genießer
♊	Zwilling:	Neugieriger
♋	Krebs:	Familienmensch
♌	Löwe:	Egozentriker
♍	Jungfrau:	Handwerker
♎	Waage:	Schöngeist
♏	Skorpion:	Tiefgründiger
♐	Schütze:	Idealist
♑	Steinbock:	Realist
♒	Wassermann:	Theoretiker
♓	Fische:	Träumer

Vorwort

Fußball? Was hat der in einer Buch-Reihe wie dieser hier zu suchen? Hat der irgendetwas mit Gesundheit zu tun? Oder gar mit einer besseren Welt?

Hat er.

Fußball ist ein Wettkampf-Sport, also ein Streit, ein Kampf – und Streit, Kämpfe und Kriege sind schon seit mehr als 5.000 Jahren ein Grundproblem der Menschen. Vielleicht lässt sich ja vom Fußball etwas über eine konstruktive Streitkultur lernen … Oder wie man Konkurrenz in einen kooperativen Überbau einfügen kann …

Recht sicher lässt sich von ihm etwas darüber lernen, wie man siegen kann, d.h. wie man im Alltag das, was man erreichen will, auch tatsächlich erreichen kann.

Und es gibt noch einen dritten Grund: Über nichts wird so viel gestritten, wie über Religion, Politik und Fußball. Schon deshalb lohnt es sich, nicht nur Religion und Politik einmal genauer anzuschauen, sondern auch den Fußball.

Vermutlich lässt sich anhand des Themas „Fußball" also doch einiges lernen, was auch im Alltag nützlich ist – und was hilft, eine bessere Welt anzustreben und auch zu verwirklichen.

Fußball hat jetzt auch ganz offiziell etwas mit der Astrologie zu tun:

Auf der neuen Trophäe der FIFA für die Klub-Weltmeisterschaft ist zweimal die Planeten-Konstellation an dem Tag des Eröffnungsspiels 2025 eingraviert worden.

In der Mitte ist ein Fußball zu sehen, der für alle Fußballer natürlich die „Sonne" ist – und der hier auch an der Stelle der Sonne steht. Bei rituellen den Ballspielen der Mayas und anderer mittelamerikanischer Völker, die eine der Wurzeln des Fußballs sind, stellte der Ball die Sonne dar.

Der Merkur ist der kleine Kreis über der Sonne „Fußball).

Die Venus ist der mittelgroße Kreis unter der Sonne.

Die Erde ist links oben zu sehen. Rechts oben über ihr ist der Mond als kleiner Kreis abgebildet.

Der Mars ist unten in der Mitte als mittelgroßer Kreis unter der Venus zu sehen.

Der Jupiter ist der große Kreis rechts unten.

Der Saturn links oben ist der große Kreis rechts oben – er ist leicht an seinem Ring zu erkennen.

Der Uranus steht links unten.

Der Neptun ist ganz oben zu sehen.

1. Kampf

♈

Zunächst einmal ist Fußball ein Sport, also eine körperliche Betätigung. Daran besteht bei vielen Menschen in den heutigen Berufen eher ein Mangel – entweder weil es ein Büro-Job ist oder weil die körperliche Arbeit so einseitig ist, dass sie Beschwerden hervorruft.

Fußball sieht daher zumindest so aus wie die Art der Bewegung, die viele gerne können würden – wenn sie dazu körperlich in der Lage wären.

Dann ist Fußball auch ein Wettkampf – und der direkte körperliche Kampf ist etwas, was im Menschen zwar bereits auf Instinkt-Ebene angelegt ist (Jagd, Angriff, Flucht usw.), aber wozu wir in der heutigen Kultur nur wenig Verwendung haben.

Das Zuschauen beim Fußball könnte daher auch ein Ersatz für die vielen Situationen sein, bei denen man selber gerne kämpfen würde – z.B. wenn man auf seinen Vorgesetzten sauer ist. Fußball kann also auch ein Ventil für unterdrückte Aggressionen sein. Das würde auch die gelegentliche Gewaltbereitschaft und Destruktivität der Fans in den Stadien erklären.

Eine moderne Form von „Spiele" aus der römischen Politik-Maxime „Brot und Spiele"? Oder einfach die Erfüllung eines Grundbedürfnisses der Menschen?

Weiterhin ist Fußball auch ein Mannschaftssport – elf Männer (oder Frauen) auf dem Feld, die Einwechselspieler auf der Bank neben dem Spielfeld, der Trainer am Spielfeldrand und die gesamte Crew im Hintergrund.

Es ist nicht ausgeschlossen, dass sich viele Menschen wünschen, auch Teile einer solchen Gemeinschaft mit all ihrem Rückhalt zu sein … Wobei die extrem hohen Anforderungen an die Spieler dabei sicherlich nicht Teil dieses (vermuteten) Wunschtraumes sein werden.

Fußball ist auch ein Sport, bei dem die Spieler in der Bundesliga deutlich mehr Geld verdienen können als dies bei einem durchschnittlichen Allerwelts-Job möglich ist.

Es könnte daher auch sein, dass das hohe Einkommen der Top-Fußballer und ihr großer Reichtum eine gewisse Faszination ausübt oder zumindest zu dieser Faszination beiträgt.

Die Elite der Fußballer ist deutlich bekannter als die Elite der Politiker oder gar die Elite der Wissenschaftler.

Daher wird auch der Ruhm der „Créme de la Créme" auf den Fußballfeldern eine starke Anziehungskraft vor allem auf die ausüben, die einen der typischen „Underdog"-Jobs als Kassierer, als Busfahrer, am Fließband und dergleichen mehr haben.

Fußball ist eine Sportart, die viele Vereine einschließlich der Amateur-Vereine umfasst. Es gibt 18 Bundesliga-Vereine, 18 Vereine in der 2. Liga, 90 Vereine in den Regionalligen und außerdem noch 21.000 Amateur-Vereine – und weiterhin auch noch viele Bolzplätze und den Straßenfußball. Nach sehr grober Schätzung haben in Deutschland 80% aller Männer und 15% aller Frauen schon einmal in irgendeiner Weise Fußball gespielt.

Fußball ist somit etwas, wozu ein großer Teil der Bevölkerung auch durch eine aktive Teilnahme einen Bezug hat – was die Möglichkeit der Identifizierung mit dem eigenen Fußball-Idol noch einmal deutlich erhöht.

Schließlich hat der Fußball noch einen offensichtlichen, aber zugleich unauffälligen Aspekt: Fußball wird mit den Füßen gespielt.

Im normalen Alltag werden für fast alle Tätigkeiten die Hände benutzt – im Fußball jedoch die Füße. Das Bewusstsein wandert beim Fußball also von den Händen zu den Füßen hinunter. Das sollte zum einen eine gewisse „Erdung" der Spieler (und auch der Zuschauer?) bewirken und zum anderen auch eine Assoziation zum „Treten", also zu einer kindlich-kämpferischen Geste. Auf jeden Fall ist diese „Fußarbeit" eine Tätigkeit, die deutlich anders ist als die normalen Alltagstätig-keiten. Das ist beim Handball, beim Basketball, beim Volleyball usw. deutlich anders – bei diesen Sportarten benutzt man wie im Alltag und bei fast jeder Arbeit die Hände. Fußball ist also auch eine Art körperlicher Ausgleich zu den gewohnten körperlichen Betätigungen. Die Füße sind in gewisser Weise „vernachlässigte Körperteile". Das kann man deutlich spüren, wenn man wieder einmal barfuß läuft oder eine Fußmassage erhält.

Es finden sich also insgesamt immerhin sieben verschiedene Merkmale des Fußballs, die auf die Menschen ganz offensichtlich eine beachtliche Anziehungskraft ausüben:

1. die körperliche Betätigung in einem Hochleistungssport – wobei die Zuschauer sich zumindest teilweise wünschen werden, auch so leist-

ungsfähig zu sein;

2. der Wettkampf – und die erhoffte Siegesfreude über den erhofften Sieg der „eigenen Mannschaft";

3. die Faszination und der Wunsch, auch selber ein wichtiger Teil einer Mannschaft, eines Vereins und einer komplexen Organisation zu sein;

4. die Faszination und der Wunsch, auch selber solch ein hohes Einkommen und einen solchen Reichtum wie die Top-Spieler zu haben;

5. die Faszination und der Wunsch, zumindest auch ein wenig berühmter zu sein – auch wenn der große, zum Teil sogar weltweite Ruhmes der Top-Spieler unerreichbar scheinen mag;

6. die Verbundenheit mit dem Fußball durch das eigene (gelegentliche oder frühere) Fußballspielen;

7. die vermutlich eher unbewusste Anziehungskraft der ungewöhnlichen Tätigkeit mit den Füßen.

Die Ursache dafür, dass der Fußball – wie im Vorwort erwähnt – neben der Religion und der Politik eines der am weitesten verbreiteten Streitthemen ist, liegt vermutlich ganz einfach daran, dass Fußball ein Mannschafts-Sport mit vielen Zuschauern ist. Diese Konstellation lässt leicht unbewusste Assoziationen zu einem Kampf des einen Heeres gegen das andere Heer aufkommen. Die Spieler und vermutlich in noch stärkerem Maße die Fans haben beim Fußball also die Möglichkeit, Aggressionen, die sie sonst in ihrem Alltag brav zurückhalten, laut beim Anfeuern ihrer Mannschaft herauszubrüllen. Man kann Fußball also auch als eine therapeutische Maßnahme gegen Magengeschwüre ansehen, die dadurch entstehen, das man in der eigenen Familie und an seinem Arbeitsplatz viel zu viel „schlucken" muss und sich dort nicht adäquat wehren kann.

- - -

Fazit: Der Fußball ist in unserer Kultur also ein Raum, in denen die ansonsten weitgehend unterdrückten Aggressionen sowohl von den Spielern als auch von den Zuschauern ausgelebt werden können. Dabei sollte es natürlich nicht zu Verletzungen von anderen kommen. Diejenigen, die eine Neigung dazu haben, andere zu verletzen, wären in einem Kampfsportverein an einem passenderen Ort.

Fußball ist vermutlich zu einem großen Teil ein Ersatz für das körperliche Kämpfen, das in unserer Kultur kaum noch einen Platz hat. Fußball ist sozusagen ein „zivilisiertes Ausleben von ansonsten unerwünschten Aggressionen".

... übrigens: *„Der Ball ist rund."* (Sepp Herberger)

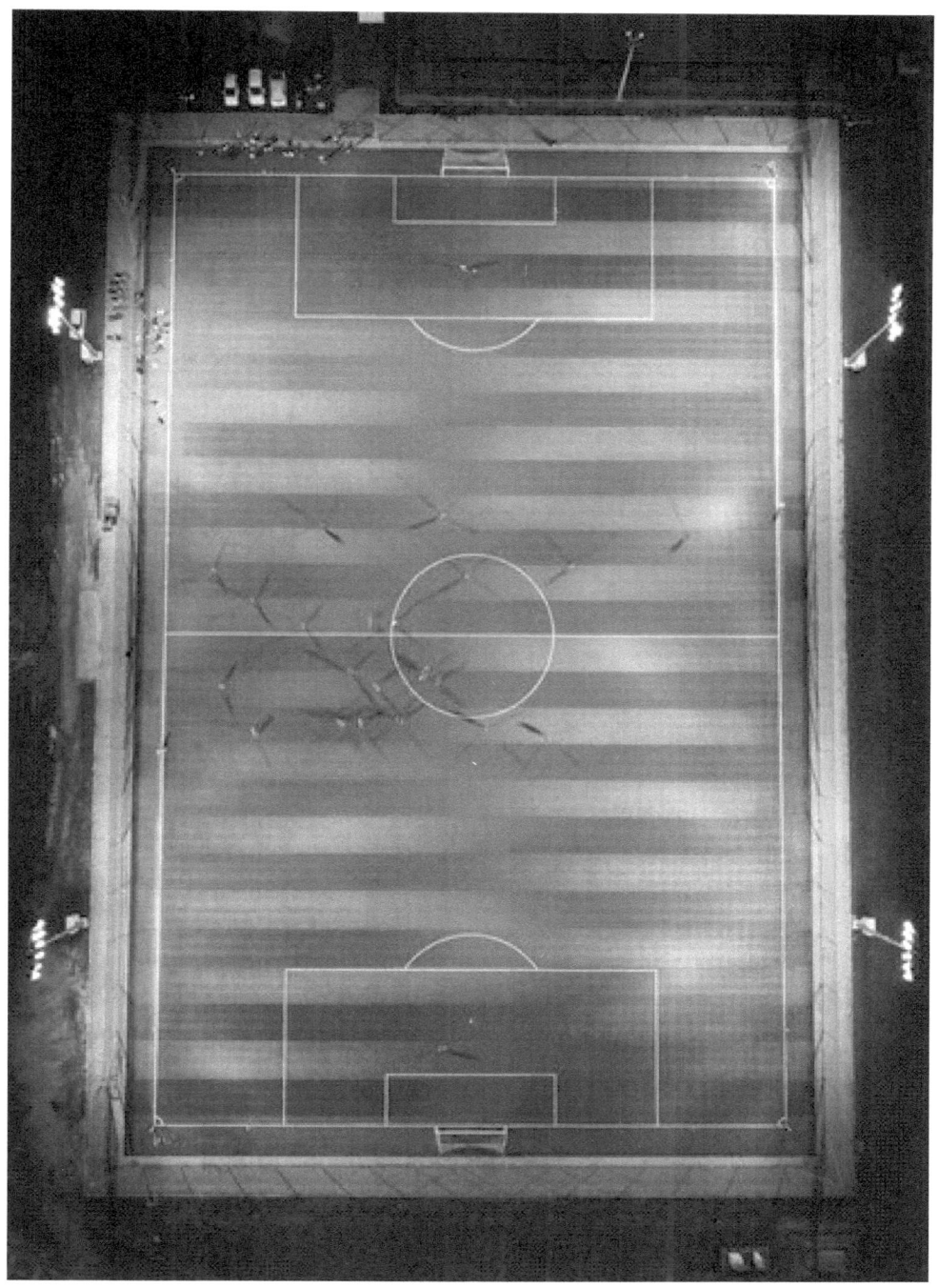

2. Geld

Das liebe Geld … das hat natürlich auch im Fußball einen großen Einfluss.

Da wäre als erstes die bereits erwähnten beinahe unvorstellbar hohen Einkommen der Spieler und die ebenso horrenden Ablösesummen, die ein Verein für einen Spieler zahlen muss, wenn er ihn vor dem Ablauf von dessen Vertrag von seinem aktuellen Verein kaufen will.

Doch auch der Kontostand auf dem Vereinskonto ist wichtig, da er bestimmt, welche Spieler der Verein auf dem „Fußballer-Markt" überhaupt einkaufen kann. Je besser die Spieler, desto teurer sind sie. Die guten Spieler kommen folglich in der Regel zu den reichen Vereinen.

Das hat auch eine Eigendynamik: Ein Verein, der gut spielt, hat hohe Einnehmen durch die Eintrittsgelder der Zuschauer, die Fernseh-Verträge, die Werbe-Sponsoren usw. Mit viel Geld lassen sich bessere Spieler kaufen und mit besseren Spielern gibt es mehr Siege, was wiederum die Einnahmen erhöht. Wie in allen Vorgängen, die auf dem Konkurrenz-Prinzip beruhen, gibt es auch im Fußball die Tendenz zur Monopol-Bildung, d.h. zu der Ausbildung eines dominanten Vereins – wie in Deutschland dem FC Bayern München, der in den 59 Jahren, in denen er in der Bundesliga spielt, 33mal die Bundesliga und 20 Mal den Pokal gewonnen hat.

Die Jahres-Einkommen der Spieler sind extrem hoch – im Folgenden einige Vergleiche mit den Jahres-Einkommen von Vorstands-Vorsitzenden von deutschen DAX-notierten Unternehmen sowie einigen „normalen" Berufen:

Christiano Ronaldo (Saudi-Arabien)	200.000.000 €
Lionel Messi (Barcelona)	110.000.000 €
Dwayne „The Rock" Johnson (Schauspieler)	100.000.000 €
Kylian Mbappe (Paris St. Germain)	82.000.000 €
Kim Kardashian (Influenzerin)	80.000.000 €
Frenkie de Jong (Barcelona)	38.000.000 €
Robert Lewandowsky (Barcelona)	27.000.000 €
Harry Kane (Bayern München)	25.000.000 €
Manuel Neuer (Bayern München)	20.000.000 €
Joschua Kimmich (Bayern München)	20.000.000 €
Thomas Müller (Bayern München)	20.000.000 €
Leroy Sané (Bayern München)	20.000.000 €
Serge Gnabry (Bayern München)	19.000.000 €
David Raum (Red Bull)	19.000.000 €
Leon Goretzka (Bayern München)	18.000.000 €
Kingsley Coman (Bayern München)	18.000.000 €
Mattijs de Ligt (Bayern München)	17.000.000 €
Min-Jae Kim (Bayern München)	12.000.000 €
Timo Werner (Red Bull)	12.000.000 €
Alphonso Boyle Davies (Bayern München)	11.000.000 €
Nillas Süle (BVB)	11.000.000 €
Sébastien Haller (BVB)	11.000.000 €
Daniel Olvo Carvajal (Red Bull)	10.000.000 €
J.E. Maxim Choupu-Moting (Bayern München)	10.000.000 €
Dayot Upamecano (Bayern München)	10.000.000 €
Oliver Blume (Vorstand VW)	10.000.000 €
Conrad Laimer (Bayern München)	9.000.000 €
Alejandro Garcia (Bayer Leverkusen)	9.000.000 €
Bjørn Gulden (Vorstand Adidas)	9.000.000 €
Gregor Kobel (BVB)	9.000.000 €
Christian Seing (Vorstand Deutsche Bank)	9.000.000 €
Christina Klein (Vorstand SAP)	9.000.000 €
Julian Brandt (BVB)	8.000.000 €
Matts Hummels (BVB)	8.000.000 €
Marco Reuss (BVB)	8.000.000 €
Emre Can (BVB)	8.000.000 €
Noussair Mazraoui (Bayern München)	8.000.000 €

Raffaël Guereiro (Bayern München)	8.000.000 €
Matthias Ginter (Freiburg)	8.000.000 €
Patrik Schick (Bayer Leverkusen)	8.000.000 €
Marcel Sabitzer (BVB)	8.000.000 €
Thomas Meunier (BVB)	8.000.000 €
Roland Busch (Vorstand Siemens)	8.000.000 €
Bélen Garijo Lopez (Vorstand Merck)	8.000.000 €
Ola Källenius (Vorstand Mercedes-Benz)	8.000.000 €
Oliver Zipse (Vorstand BMW)	8.000.000 €
Oliver Bäte (Vorstand Allianz)	8.000.000 €
Timotheus Höttges (Vorstand Deutsche Telekom)	8.000.000 €
Emil Forsberg (Red Bull)	7.000.000 €
Yussuf Poulsen (Red Bull)	7.000.000 €
Willi Orban (Red Bull)	7.000.000 €
Theodor Weimer (Vorstand Deutsche Börse)	7.000.000 €
Carsten Knobel (Vorstand Henkel)	7.000.000 €
… … …	
Julian Nagelsmann (Bundestrainer)	5.000.000 €
… … …	
Christian Lindner (Minister; Nebentätigkeiten)	725.000 €
Olaf Scholz (Bundeskanzler)	362.000 €
Annalena Baerbock (Ministerin)	300.000 €
Oberarzt	120.000 €
Alexander Gerst (Astronaut)	110.000 €
Professor	80.000 €
Ingenieur	70.000 €
Zahnarzt	70.000 €
Berufssoldat	40.000 €
Maurer	38.000 €
Krankenschwester	38.000 €
Verkäuferin	29.000 €
Bäcker	27.000 €
Putzfrau	26.000 €
Zahnarzthelferin	17.000 €

Manuel Neuer vom FC Bayern München verdient also ca. 1.000-mal so viel wie eine Zahnarzthelferin, nur weil er gut Bälle fangen kann anstatt gut beim Heilen eines Zahnes helfen kann. Und Christiano Ronaldo verdient sogar 10.000-mal so viel wie sie …

Die gut verdienenden Spieler beim FC Bayern München verdienen immer noch doppelt so viel wie die Vorstände der wichtigste deutschen Unternehmen – und man muss die Einkommen der 40 bestverdienenden Vorstände in Deutschland zusammenzählen, um ungefähr auf das Einkommen von Christiano Ronaldo zu kommen …

Weiterhin sind 14 der 19 bestbezahlten Bundesliga-Spieler beim FC Bayern München. Diese Zahlen verdeutlichen ein wenig, welch eine Wirtschaftsmacht ein großer Fußballverein ist.

Auch der Bau eines Stadions kostet riesige Summen – die Baukosten z.B. der Allianz-Arena in München betrugen 340 Millionen €.

Zum Vergleich: Eine durchschnittliche Einfamilienwohnung (2 Erwachsene, 2 Kinder) ist ungefähr 100m² groß. Da jeder m² ungefähr 2000€ kostet, liegen die Baukosten für eine Einfamilienwohnung bei ca. 200.000€. Das bedeutet, dass man für das Geld, mit dem die Allianz-Arena des FC Bayern München errichtet worden ist, auch 1.700 Einfamilienwohnungen hätte bauen können. Diese Wohnungen wären – wenn man sie „auf's freie Feld" stellen würde – ein ganzes Dorf mit 6.800 Einwohnern …

Der Jahresumsatz von FC Bayern München beträgt 817.000.000€ – das ist allerdings auch der dritthöchste Jahresumsatz weltweit nach dem spanischen Club Real Madrid und dem englischen Club Manchester United. Die Einnahmen setzten sich z.B. beim FC Bayern München wie folgt zusammen:

ca. 25% Spielbetrieb (Eintrittskarten)
ca. 25% Sponsoring (Adidas-Schuhe der Spieler; Firmen-Namen auf
        Trikot, Name der „Allianz-Arena" usw.)
ca. 20% Merchandising (Trikot-Verkauf u.ä.)
ca. 15% TV-Vermarktung
ca. 10% Transfers (Verkauf von Spielern)
ca. 5% sonstiges

Wie man sieht, geht es hier um riesige Beträge – alleine die Einnahmen aus dem Eintrittskarten-Verkauf beim FC Bayern München betragen ca. 200.000.000€ pro Jahr.

Die Eintrittspreise im Fußball sind je nach Spiel und Mannschaft gestaffelt:

Kreisliga:	ca. 3€
Bezirksliga:	ca. 5€
2. Liga:	ab 18€
Bundesliga:	ab 20€
Weltmeisterschaft:	ab 60€
Weltmeisterschaft-Finale, beste Plätze:	ca.1600€

Die Eintrittskarten beim deutschen Brachnen-Primus FC Bayern München sind jedoch etwas teurer: Bei einer Jahreseinnahme durch Eintrittskarten von 200.000.000€ pro Jahr, einem Fassungsvermögen des Stadions von 75.000 Zuschauer (meist ausverkauft) und ca. 45 Spielen pro Jahr (Bundesliga, Pokal u.a.) ergibt sich ein durchschnittlich gezahlter Preis für eine Eintrittskarte von ca. 60€.

Seine sehr soliden Finanzen verdankt der FC Bayern München zu einem sehr großen Teil dem Engagement des ehemaligen Bayern-Spielers Uli Hoeneß, der mit 28 Jahren die Führung des Vereins übernommen hat und seine Aufgabe wie das Management eines Wirtschaftsunternehmens begriffen hat. Er hat den Verein 39 Jahre lang geleitet, was im Fußball eine große Ausnahme ist.

In Deutschland gibt es die „50+1-Regel", die festlegt, dass Bundesliga-Vereine nicht von Investoren kontrolliert werden können. Die Lenkung eines Fußballvereins liegt daher immer in der Hand des Vereinsvorstandes und nicht in der Hand der Kapitalgeber.

Das ist jedoch nicht in allen Ländern so – der englische Fußballverein „Newcastles" gehört z.B. fast vollständig dem saudi-arabischen Kronprinzen Mohammed bin Salman und der französische Verein Paris Saint Germain gehört dem katarische

Geschäftsmann Nasser Al-Khelaifi, der der Vorsitzende der Qatar Sports Investments ist.

- - -

Fazit: Das Geld ist wie in fast allen Gesellschaftsbereichen auch im Fußball ein zentrales Element, das unter anderem darüber entscheidet, wie gut die Spieler sind, die dieser Verein einkaufen kann. Daher hängt es von dem Konto eines Vereins zum Teil, aber nicht vollständig ab, wo dieser Verein in der Fußball-Tabelle steht.

Die Beträge im Fußball sind für einen Normalverdiener meistens deutlich außerhalb der eigenen Vorstellungskraft.

… übrigens: *„Man darf jetzt nicht alles so schlecht reden, wie es war."* (Fredi Bobic)

3. Bewusstheit

♊

Fußball zählt zu den Spielen – es sollte also gespielt werden und nicht gekämpft werden. Angesichts der Millionen-Einkommen, des Erwartungsdrucks von Seiten der Vereinsleitung und der Fans, des Konkurrenzdrucks unter den Spieler, entsteht jedoch oft eine Verbissenheit, die das Spiel zum Kampf werden lässt.

Idealerweise sollten die Spieler – und auch die Fans – über dem Spiel stehen und nicht in ihm gefangen sein. Der Spieler sollte das Spiel spielen, aber nicht von dem Spiel gespielt werden. Doch das ist – verständlicherweise – nicht unbedingt der Regelfall.

Es gibt Spieler die durchaus engagiert und mit voller Kraft spielen können und dabei trotzdem bewusst bleiben können. Meistens sind das die Spieler mit Humor und mit einer guten Spielübersicht und Taktik wie z.B. Thomas Müller, der ja nicht nur für seine ungewöhnliche Spielweise, sondern auch für seine ständigen Scherze und für seine Bodenständigkeit bekannt ist. So hat er nach dem Gewinn der Weltmeisterschaft 2014 bei dem anschließenden TV-Interview erst mal Grüße an seine beiden Großmütter und seinen Großvater gesendet.

Ein anderer Fußballspieler, der sowohl für seine Taktik als auch für seinen Spiel-Überblick bekannt ist, ist der achtfache Weltfußballer Lionel Messi. Er ist auch bei den schlimmsten Fouls immer ruhig geblieben und hat sich nur dadurch gerächt, dass er noch ein Tor geschossen hat. Er hat auch stets gegnerischen Fußballern, die sich verletzt hatten, geholfen.

Auch der HSV-Stürmer Uwe Seeler ist sowohl für seine Übersicht als auch für seine Fairness bekannt gewesen.

Diese Fairness ergibt sich dadurch, dass der Spieler stets über dem Spiel steht und nicht Teil des Spieles und all der damit verbundenen Gefühle geworden wird. So hat z.B. der Weltmeisterschafts-Rekordschütze Miroslav Klose mehrmals eine Fairness-Medaille erhalten, weil er z.B. beim Schiedsrichter Einspruch erhoben hat, als dieser ein Tor von Klose gelten lassen wollte, das dieser jedoch versehentlich mit der Hand erzielt hatte.

Solche Spieler wie Thomas Müller, Lionel Messi oder Miroslav Klose sind im Fußball jedoch eher selten. Wie die Karriere dieser drei Fußballer zeigt, können bewusste, humorvolle, hilfsbereite und faire Spieler jedoch durchaus einen großen Erfolg haben.

Die hier am Beispiel von drei Fußballern beschriebene Bewusstheit ist ein wesentliches Element bei allem, was man in seinem Leben macht. Es macht einen sehr großen Unterschied, ob man auf einen Reiz sofort instinkthaft reagiert oder ob man bei einem Reiz kurz innehält, sich der Situation bewusst wird und erst dann reagiert.

Dieser kurze Augenblick des Innehaltens und des Bewusstwerdens ermöglicht eine bewusste Entscheidung – man bleibt derjenige, der die eigenen Handlungen lenkt. Wenn es einem nicht gelingt, diesen kurzen Augenblick des Innehaltens zwischen eine Wahrnehmung und eine Handlung einzuschieben, ermögliche man den anderen, einen selber zu manipulieren. Dann ist man nicht mehr in der Lage, effektiv zu handeln.

So hat sich z.B. der erfolgreiche Stürmer Erling Haaland nach einem Spiel gegen Bayern München gewundert, dass der Torwart Manuel Neuer die Nerven besitzt, solange still zu stehen, bis er sieht, wohin der Stürmer den Ball schießt – und nicht schon springt, bevor der Stürmer geschossen hat. Dies ist einer der vielen Aspekte, warum Manuel Neuer ein so guter Torwart ist.

Umgekehrt ist Lionel Messi dafür berühmt, dass er durch seine Bewegungen die Verteidiger und den Torwart so gut täuschen kann, dass diese genau die Bewegungen machen, die Messi braucht, um mühelos an ihnen vorbeizukommen. Ein anschauliches Beispiel ist sein Tor am 6.5.2015 beim Champions-League-Halbfinale Barcelona gegen Bayern München, bei dem Messi zuerst den Verteidiger Jerome Boateng so schwindelig spielte, dass dieser umstürzte – und anschließend dann ebenso mühelos den Torwart Manuel Neuer durch einen Lupfer austrickste.

Die Übersicht über das gesamte Spiel zu haben und alle Möglichkeiten zu erkennen ist eine seltene Gabe, die am stärksten bei Lionel Messi ausgeprägt ist – viele Beobachter finden, dass er sich so bewegt, als ob er das gesamte Spielfeld gleichzeitig auch von oben eher sehen könnte. Das bekannteste Beispiel für diese Fähigkeit ist vermutlich Messis Pass bei der Weltmeisterschaft 2022 in dem Spiel Niederlande gegen Argentinien. Dort schoss er einen Pass zu seinem Mitspieler Molina, der von allen Spielern (und Zuschauern) völlig unerwartet war und der es Molina ermöglichte, das Tor zum 1:0 für Argentinien zu schießen.

Noch ein Beispiel für eine weit überdurchschnittliche Orientierung auf dem Spielfeld ist das Tor von Zlantan Ibrahimovic in dem Spiel Schweden gegen England 2012, bei dem er aus 35m Entfernung den Ball nach einem hohen Sprung in die Luft mit einem Fallrückzieher ins Tor getroffen hat. Ibrahimovic, der zwölfmal als bester schwedischer Fußballer ausgezeichnet wurde, hat seine weit überdurchschnittliche Körperbeherrschung im Kampfsport erlernt – er hat den Schwarzen Gürtel im Taekwondo.

- - -

Fazit: Die hier beschriebene Bewusstheit ist für jeden Menschen in seinem Alltag förderlich. Sie wird vor allem in der Meditation und in ähnlichen „Geistes-Übungen" trainiert. Sie ist in allen anspruchsvolleren Berufen wie Manager, Löwendompteur oder Skiweitspringer von größter Bedeutung.

Fußballer sind nicht nur dann erfolgreich, wenn sie schnell und stark sind, sondern auch dann, wenn sie beweglich sind, eine gute Körperbeherrschung haben und zudem die Gesamtheit des Spiels und alle seine – oft verborgenen – Möglichkeiten sehen können.

… übrigens: *„So ist Fußball: Manchmal gewinnt der Bessere."*   (Lukas Podolski)

4. Kader

♋

Fußball ist ein Mannschaftssport – und eine Mannschaft ist mehr als nur die Summe ihrer Teile. Die einzelnen Spieler müssen sich gegenseitig gut kennen, miteinander vertraut sein und wissen, welche Verhaltensmuster, Stärken und Schwächen die anderen haben. Nur dann können sie effektiv zusammenarbeiten. Das ist ähnlich wie bei zwei Artisten, die gemeinsam eine Zirkusnummer am Trapez aufführen – wenn sie nicht ganz genau wissen, was der andere tun wird, stürzen sie ab. Natürlich ist ein Fehlpass im Fußball nicht so spektakulär wie ein Absturz vom Trapez, aber das Zusammenwirken der Spieler ist trotzdem genauso wichtig.

Deshalb hat es im Fußball auch berühmte Stürmer-Duos gegeben – wobei die Stürmer-Doppelspitze aus taktischen Gründen weitgehend am Aussterben ist. Zu ihnen zählen Puskas und Stefano bei Real Madrid; Beckenbauer und Pele bei New York Cosmos; Gullit und Basten bei Mailand; Ronaldo und Beckham bei Real Madrid; Rooney und Ronaldo bei Manchester United; Zidane und Figo bei Real Madrid; Ronaldino und Messi bei Barcelona; Elber und Pizarro bei Bayern München; Klasnic und Klose bei Werder Bremen; Robben und Ribéry („Robbery") bei Bayern München; Lewandowski und Müller bei Bayern München; Mbappe und Neymar bei Paris Saint Germain; Kane und Sané bei Bayern München …

Das ist nur eine kleine Auswahl an erfolgreichen Fußball-Duos, von denen die meisten Stürmer-Duos sind – doch vermutlich sind erfolgreiche Stürmer-Duos einfach nur auffälliger als erfolgreiche Verteidiger-Duos …

Sturm-Trios sind schon deutlich seltener. Das bekannteste Beispiel sind vermutlich Messi, Suárez und Neymar bei Barcelona.

Dieser enge Zusammenhalt zwischen zwei oder mehr Spielern ermöglichen sowohl sichere Automatismen als auch eine auf ihnen aufbauende größere Kreativität. Diese Automatismen sind ein wesentliches Element bei einem erfolgreichen Spiel – sie sind sozusagen die Backsteine der zuverlässigen Abläufe, aus denen das Haus des erfolgreichen Spiels aufgebaut wird.

Nun sind Mannschaften ja keine statische Angelegenheit: Es kommen jedes Jahr neue Spieler hinzu, andere werden vorübergehend an andere Vereine verliehen oder werden verkauft und entlassen. Es gibt also ständig die „Alten", die sich schon gut kennen, und die „Neuen", die sich erst noch einfügen und die anderen sowie den Mannschafts-Stil erst noch kennenlernen müssen.

Diese Mischung aus „Alten" und „Neuen" fördert die Ausbildung von Gruppen, die sich gut kennen – so wie z.B. der Torwart Manuel Neuer und die beiden Verteidiger Phillip Lahm und Jerome Boateng, die sieben Jahre als das „letzte Bollwerk" des FC Bayern München zusammen spielten. Solche gut aufeinander eingespielten „funktionalen Kleingruppen" innerhalb einer Fußballmannschaft bringen eine große Stabilität in diese Mannschaft.

Beim Fußball lassen sich drei solche „Organe" der Mannschaft unterscheiden:

    1. die Verteidigung (Torwart und 3-4 Verteidiger);

    2. das Mittelfeld („Sechser", „Achter", Zehner") und

    3. der Sturm (Mittelstürmer und 2 Flügelspieler).

Die Anzahl an Spielern in diesen drei „Organen" kann natürlich variieren und hängt von dem Spielstil der Mannschaft ab. Die Spieler sind auch nicht fest an ihre Position gebunden, sondern haben nur ihre Hauptaufgabe an ihrer Position. So können Verteidiger durchaus auch hin und wieder mal ein Tor schießen.

Die üblichen Bezeichnungen der einzelnen Spieler in einer Mannschaft sind:

    - die „1": der Torwart

    - die „2": linker Außenverteidiger

    - die „3": rechter Außenverteidiger

    - die „4": rechter Innenverteidiger

    - die „5": linker Innenverteidiger

    - die „6": zentraler Mittelfeldspieler vor den vier Verteidigern

    - die „Doppel-6": zwei zentrale Mittelfeldspieler nebeneinander

    - die „7": der rechte Außenstürmer (Flügelspieler)

    - die „7": der linke Außenstürmer (Flügelspieler) (beide haben dieselbe „System-Zahl")

- die „8": der Verbindungsspieler in der Spielfeldmitte zwischen Verteidigung und Sturm

- die „9": Spieler zwischen Verbindungsspieler und Stürmern

- die „10": der Spielmacher zwischen Mittelfeld und Angriff

- die „11": der Mittelstürmer („Sturmspitze") ganz vorne

Dieser Aufbau kann in vielfältiger Weise variiert werden – z.B. mit fünf oder nur drei Verteidigern, zwei Mittelstürmern usw. Die Namen der Spielerpositionen werden dabei jedoch beibehalten.

Innerhalb der Mannschaft gibt es – wie in so gut wie jeder Gemeinschaft – jedoch auch bestimmte Typen, die noch eine inoffizielle Funktion innehaben, die genauso wichtig wie die offiziellen Rollen sein können:

- der Erfahrene, also der Mannschaftsälteste

- der Unerschütterliche und Verläßliche wie Toni Kroos

- der, der niemals aufgibt, wie Bastian Schweinsteiger

- der Antreiber wie Uwe Seeler

- der, der die Spieler zu einer Mannschaft zusammenfügt wie Thomas Müller

- der Empathische wie Lionel Messi

- der Spaßvogel wie z.B. Sepp Maier oder Lukas Podolski

Ein weiteres wichtiges Element eines Fußballvereins und einer Mannschaft ist die Nachwuchsabteilung – nicht nur, weil von dort Spieler in die Erste Mannschaft nachrücken, sondern auch, weil diese Spieler meistens der Mannschaft, in der sie gelernt haben, recht treu sind. Das derzeit wohl bekannteste Beispiel für diese Treue wird Thomas Müller beim FC Bayern München sein – er begann mit elf Jahren beim FC Bayern München und spielt dort inzwischen seit 25 Jahren, davon 17 Jahre in der Bundesliga-Mannschaft.

Das „externe" Gegenstück der „internen" Nachwuchsabteilung eines Vereins ist der Talent-Scout, der in anderen Mannschaften nach guten Spielern sucht und sie dann bei der Kader-Planung als neue Spieler vorschlägt.

Aus den hier dargestellten Zusammenhängen ergibt sich, dass die Kader-Planung einer Mannschaft eine anspruchsvolle und komplexe Angelegenheit ist. Dabei können natürlich zunächst jedoch immer nur die Fähigkeiten der einzelnen Spieler und ihre Kombination miteinander betrachtet werden – ob sich zwei Spieler persönlich sympathisch sind oder ob sie sich nicht leiden können, ist dann noch einmal eine ganz andere Frage.

Diese Frage ist jedoch keineswegs unwichtig, da es ja jedem bekannt sein dürfte, dass man mit manchen Menschen einfach viel leichter zusammenarbeiten kann als mit anderen – so verstanden sich z.B. Robert Lewandowski und Thomas Müller beim FC Bayern München „wie im Schlaf".

- - -

Fazit: Die hier beschrieben Rollen und Eigenschaften sind in jeder Familie, Sippe, Arbeitsgruppe und sonstiger Gemeinschaft zu finden. Die Suche nach der kreativen Zusammenarbeit in einer solchen Gruppe ist das tragende Thema in vielen Romanen und Filmen wie z.B. „Der Herr der Ringe" oder „Avengers".

Da Fußball ein Mannschaftssport ist, sind der Zusammenhalt innerhalb der Mannschaft und die im Training aufgebauten Automatismen eine wesentliche Grundlage für den Erfolg einer Mannschaft.

… übrigens: *„Elf Freunde müsst ihr sein."*   (Sepp Herberger)

5. Spieler

♌

Schließlich gibt es die einzelnen Spieler, aus denen sich eine Mannschaft aufbaut. Jeder Spieler hat seinen Charakter, seine Talente, seine Neigungen und auch seine Schwächen. Der eine ist eher ein Verteidiger, der andere ein Stürmer; der eine kann besser auf der rechten Seite spielen, der andere auf der linken; der eine ist eher ein Team-Player, der andere ein Einzelkämpfer.

Hier kann man auch einmal auf die Sternzeichen der Fußballer schauen. Eine 2018 durchgeführte Untersuchung von 527 Bundesliga-Profis kam zu dem Ergebnis dass die Widder im Fußball am häufigsten sind und die Schützen am seltesten – dieser Anteil verändert sich auf den vorderen Plätzen von Jahr zu Jahr ein wenig, aber der Fußball ist bei den Schützen nach wie vor am unbeliebtesten. Vermutlich streben sie lieber Ziele im konkreten Alltag an …

Die folgenden Beispiele für die zwölf verschiedenen Spielertypen stammen zum größten Teil aus der Bundesliga. Die Zahl gibt die Anzahl z.B. an Widdern an, die 2018 in der Bundesliga gespielt haben.

Die Tierkreiszeichen in der folgenden Übersicht sind ihrer Häufigkeit bei den Spielern der Bundesliga nach geordnet. Die jeweils zwei Beispiele für Spieler mit dem betreffenden Sternzeichen stammen jedoch nicht alle aus der Bundesliga, sondern teilweise auch aus anderen Ländern.

Sternzeichen der Spieler	Anzahl in der Bundesliga	Spieler-Typ	Beispiele
Widder	63	der Stürmische	Sadio Mané, Benjamin Pavard
Krebs	58	der Teamplayer	Lionel Messi, Erling Haaland
Jungfrau	53	der Geschickte	Thomas Müller, Franz Beckenbauer
Fische	51	der Fließende	Seppp Maier, Jamal Musiala
Wassermann	48	der Pfiffige	Christiano Ronaldo, Leon Goretzka
Zwillinge	44	der Bewegliche	Miroslav Klose, Joshua Kimmich
Stier	42	der Beschützer	Johann Cruyff, Phillip Lahm
Löwe	42	der König	R. Lewandowski, B. Schweinsteiger
Steinbock	37	der Verlässliche	Toni Kroos, Matthias Ginter
Waage	33	der Künstler	Pelé, Zlatan Ibrahimovoc
Skorpion	33	der Stratege	Diego Maradona, Uwe Seeler
Schütze	24	der Weitblickende	Kylian Mbappé, Gregor Kobel

Eine große Rolle spielt natürlich auch der Aszendent des Horoskops, da das Sonnenzeichen sagt, was man will, und der Aszendent zeigt, wie man das dann macht. Das Folgende sind einige Beispiele für verschiedene Kombinationen von Sonnenzeichen („Sternzeichen") und Aszendent.

- Benjamin Pavard ist als **Widder** ganz im Augenblick und hat dabei durch seinen Krebs-Aszendenten aber seine Gemeinschaft, also seine Mannschaft im Blick.

- Phillip Lahm ist ein guter Verteidiger, weil er als **Stier** schützen will und dies auf die bissige Skorpion-Art seines Aszendenten macht.

- Miroslav Klose ist als **Zwilling** flink, offen und beweglich, aber dabei durch seinen Schütze-Aszendenten stets sehr zielgerichtet.

- Oliver Kahn ist als **Zwilling** sehr wach und reaktionsschnell und will dabei durch seinen Löwe-Aszendenten alles selber machen.

- Lionel Messi ist als **Krebs** ein Teamplayer und hat durch seinen Steinbock-Aszendenten in seinem Vorgehen eine große Sicherheit, Verlässlichkeit und Konstanz.

- Robert Lewandowski und Harry Kane sind beide als **Löwe** sehr eigenständig und können aber durch ihren Waage-Aszendenten auch gut mit anderen zusammenspielen.

- Franz Beckenbauer ist als **Jungfrau** ein guter Taktiker und durch seinen Zwillings-Aszendenten dazu auch noch gewitzt in seinem Vorgehen.

- Thomas Müller hat als **Jungfrau** einen sehr guten Überblick über die Spiel-Situation und kann durch seinen Skorpion-Aszendenten die taktischen Möglichkeiten erkennen, was er selber als „Raumdeuter" umschrieben hat.

- Zlatan Ibrahimovic sieht den Fußball als **Waage** als eine Auseinandersetzung mit seinem Gegenüber an und tut dies durch seinen Wassermann-Aszendenten auf systematische, aber oft auch unerwartete Weise.

- Pelé sieht den Fußball als **Waage** ebenfalls als Auseinandersetzung mit seinem Gegenspieler an, den er dann auf Jungfrau-Weise austrickst.

- Gerd Müller ist als **Skorpion** ein Kämpfer, der dabei auf Jungfrau-Weise sehr geschickt und effektiv vorgeht.

- Kylian Mbappé ist als **Schütze** sehr zielstrebig und bleibt dabei durch seinen Krebs-Aszendenten aber stets in Kontakt mit seinen Mitspielern.

- Toni Kroos ist als **Steinbock** stets zuverlässig und ist durch seinen Stier-Aszendenten der Hüter der Mannschaft – er ist der „Fels in der Brandung".

- Christiano Ronaldo hat als **Wassermann** große Ziele und erreicht diese aufgrund seines Steinbock-Aszendenten durch harte Arbeit.

- Sepp Maier ist als **Fisch** jemand, der auf das Gesamtbild schaut, das er dann durch seinen Jungfrau-Aszendenten geschickt in seinem Sinne lenkt.

Die Tierkreiszeichen sind auch keineswegs gleich auf die vier Spielerpositionen Torwart, Verteidigung, Mittelfeld und Sturm verteilt – oder anders gesagt: Jedes Sternzeichen hat seine besondere Positions-Vorlieben. In der Saison 2022/2023 verteilten sich die Spieler wie folgt auf die Positionen und Tierkreiszeichen:

Sternzeichen	Torwart	Verteidigung	Mittelfeld	Sturm		gesamt
Widder	7	22	10	13		52
Stier	9	18	19	10		56
Zwillinge	8	12	13	15		48
Krebs	5	17	12	17		51
Löwe	5	8	10	14		37
Jungfrau	9	11	13	7		49
Waage	3	16	10	6		35
Skorpion	9	15	9	11		44
Schütze	8	13	6	8		35
Steinbock	6	14	17	12		49
Wassermann	3	27	19	9		58
Fische	8	16	17	21		62
gesamt	80	189	155	143		567

Diese Übersicht lässt sich einfacher verstehen, wenn man die konkreten Zahlen in Prozentzahlen umrechnet. Dann kann man deutlich sehen, wie beliebt oder unbeliebt die vier Positionen im Fußball bei den einzelnen Sternzeichen sind.

In der untersten Zeile der folgenden Tabelle stehen die Durchschnittswerte, also wie viel Prozent aller Fußballer Torwarte, Verteidiger, Mittelfeldspieler oder Angreifer sind. Anhand des Vergleichs mit diesen Mittelwerten kann man leicht erkennen, welche Positionen die einzelnen Tierkreiszeichen bevorzugen oder meiden.

Die drei Felder mit den höchsten Prozentzahlen innerhalb eines der vier Bereiche sind jeweils dunkelgrau hinterlegt. Daran lassen sich schnell die Lieblingsbereiche der einzelnen Tierkreiszeichen schnell erkennen. Jedes der zwölf Tierkreiszeichen ist in einer dieser vier Positionen unter den drei Besten – lediglich die Jungfrau hat zwei und der Zwilling keins. Der Zwilling ist der Allrounder, der überall spielen kann, während die Jungfrau zwei Bereiche bevorzugt und die anderen beiden vermeidet.

13% der Widder sind z.B. Torwart, 42% der Widder sind Verteidiger, 19% von ihnen spielen im Mittelfeld und 25% im Angriff.

Sternzeichen	Torwart	Verteidigung	Mittelfeld	Sturm		gesamt
Widder	13 %	42 %	19 %	25 %		100 %
Stier	16 %	32 %	43 %	18 %		100 %
Zwillinge	17 %	25 %	27 %	31 %		100 %
Krebs	10 %	33 %	24 %	33 %		100 %
Löwe	14 %	22 %	26 %	38 %		100 %
Jungfrau	22 %	28 %	33 %	17 %		100 %
Waage	9 %	46 %	28 %	17 %		100 %
Skorpion	20 %	34 %	20 %	25 %		100 %
Schütze	23 %	37 %	17 %	23 %		100 %
Steinbock	12 %	29 %	34 %	25 %		100 %
Wassermann	5 %	47 %	32 %	16 %		100 %
Fische	13 %	26 %	27 %	34 %		100 %
gesamt	14 %	33 %	27 %	25 %		100 %

Der **Widder** liegt im Sturm und ebenso bei den Torwärtern genau im Durchschnitt (die Prozentzahlen in der untersten Zeile). Im Mittelfeld kommt er nicht so gut zurecht, da er aufgrund seiner Spontanität nicht so sehr der hier benötigte Übersichts-Typ ist. Deutlich am wohlsten fühlt er sich als Verteidiger, weil es da eine einfache, schlichte Aufgabe gibt: Der Ball muss weg vom Tor!

Der **Stier** fühlt sich aufgrund seiner eher beschützenden Haltung im Tor recht wohl, wohingegen er den Angriff, der eine große Zielstrebigkeit erfordert, nicht mag. In der Verteidigung liegt er deutlich über dem Durchschnitt – das mag er: Die Heimat schützen. Das Mittelfeld meidet er – da ist zu viel Strategie nötig.

Der **Zwilling** kommt aufgrund seiner Beweglichkeit im Sturm überdurchschnittlich gut zurecht und macht auch im Tor aufgrund seiner schnellen Reflexe eine gute Figur. Im Mittelfeld ist er aufgrund seiner Schnelligkeit immerhin Durchschnitt – seine Neigung zur Hektik und mangelndem Überblick hindert ihn daran, dort noch besser zu sein. In der Verteidigung fehlt ihm ebenfalls ein wenig die Beständigkeit, weshalb er hier nicht so oft anzutreffen ist.

Der **Krebs** ist im Verteidigen Durchschnitt, ins Tor stellt er sich nicht so gerne und das Mittelfeld ist zumindest nicht sein Lieblingsbereich, auch wenn er dort recht gut klar kommt. Im Angriff ist er hingegen nach den Löwen und den Fischen der Drittbeste, was vermutlich daran liegt, dass er gut in andere hineinspüren kann und daher ahnt, was sie als nächstes tun werden – und das ausnutzt, um ein Tor zu schießen.

Der **Löwe** ist im Tor und im Mittelfeld im Durchschnitt. Das Verteidigen meidet er, während er im Sturm der Beste ist – er macht das ganz auf sich alleine gestellt und setzt sich durch.

Die **Jungfrau** ist gleich nach dem Schützen am liebsten im Tor: Sie hält den Kasten sauber. Aus dem Sturm und der Verteidigung hält sie sich raus – das ist ihr zu kriegerisch. Im Mittelfeld Ordnung halten liegt ihr hingegen gut.

Die **Waage** ist im Verteidigen am besten – den Gegner kommen sehen und ihm den Weg abschneiden und den Raum zustellen. Im Mittelfeld kommt sie durchschnittlich gut zurecht, während sie den aggressiven Sturm meidet und auch nicht gerne im Tor steht, in dem man so schnell reagieren können muss.

Der **Skorpion** ist in der Verteidigung und im Angriff Durchschnitt – das sind die beiden Bereiche, in denen man am meisten kämpfen muss. Das gezielte Weiterleiten des Balles im Mittelfeld meidet er hingegen. Doch im Tor ist er gut – wie ein bissiger Hund, der den Eingang bewacht.

Der **Schütze** ist am besten im Tor – dort kann er das Spielergebnis am direktesten beeinflussen. Und reaktionsschnell und sprungstark ist er ja alle Male. Auch in der Verteidigung ist er recht gut, während das Mittelfeld und der Angriff nicht so ganz sein Metier sind.

Der **Steinbock** fühlt er sich am wohlsten, wenn er der ruhende Pol und das zuverlässige Rückgrat der Mannschaft im Mittelfeld sein kann. Im Angriff ist er Durchschnitt, den Torwart-Job und die Verteidigung meidet er ein wenig – vermutlich, weil er dafür nicht schnell und wendig genug ist.

Der **Wassermann** ist mit Abstand am besten in der Verteidigung – knapp die Hälfte der Wassermänner spielt auf dieser Position. Hier kann er wie die Waage, die auch diese Position vorzieht, seinen Überblick nutzen und vor allem mit den anderen zwei oder drei Verteidigern als Gemeinschaft agieren. Diese Fähigkeit kommt ihm auch noch im Mittelfeld zugute. Den Angriff meidet er hingegen und im Tor ist er von allen Sternzeichen mit deutlichem Abstand am seltesten zu sehen.

Der **Fisch** ist im Tor und im Mittelfeld Durchschnitt und er meidet die Verteidiger-Position – vermutlich, weil es da oft hart her geht. Am besten ist er im Angriff – wahrscheinlich sieht er dort die Lücken in der Reihe der Gegner, durch die er zum Tor gelangen kann.

Nun ist nicht jeder Spieler bei jedem Spiel gleich gut – die meisten haben gute Tage und schlechte Tage und nur wenige sind fast immer auf einer konstanten hohen Leistung. Diese Schwankungen kann man astrologisch durch die Transite erfassen und beschreiben, also durch das Verhältnis des aktuellen Planeten-Standes zu den Planeten im Horoskop des Spielers.

Die berühmten 5 Tore in 9 Minuten von Robert Lewandowski am 22.9.2015 in dem Spiel von Bayern München gegen Wolfsburg waren solch ein Tag mit ausgesprochen förderlichen Transiten in dem Horoskop dieses Mittelstürmers.

Aufgrund dieses Zusammenhangs zwischen dem aktuellen Planetenstand und dem zu erwartenden Leistungsniveau der einzelnen Spieler haben einige Fußballvereine inzwischen auch einen astrologischen Berater. Dieser Berater kann auch aufgrund des Vergleichs der Horoskope von zwei Spielern sehen, ob sie gut zusammenpassen oder nicht – was bei dem Kauf eines neuen Spielers ganz nützlich sein kann.

Es gibt noch ein allgemeines astrologisches Phänomen, das „Saturn-Phase" oder „Saturn-Krise" genannt wird. Da der Saturn eine Umlaufzeit von 29 Jahren hat, steht der Saturn nach 29 Jahren wieder dort, wo er auch vor 29 Jahren gestanden hat – also steht er, wenn ein Mensch 29 Jahre alt wird, genau dort, wo er auch im dem Geburtshoroskop dieses Menschen gestanden hat. Astrologisch bedeutet das, dass man mit dem konfrontiert wird, was man bisher aus sich gemacht hat – was sehr oft zu Krisen und zu Neuorientierungen führt.

So haben sich z.B. die Beatles, Genesis und Pink Floyd getrennt, als die meisten dieser Musiker 29 Jahre alt waren und etwas anderes als bisher machen wollten. Bei den Fußballern gibt es in dieser Zeit ebenfalls eine Krise – sie dauert ca. 1 bis 1,5 Jahre und beginnt ungefähr im Alter von 28,5 Jahren. Danach spielen sie wieder auf demselben hohen Niveau wie zuvor weiter, aber haben oft ihren Stil ein wenig verändert. So hat z.B. Thomas Müller während seiner Saturn-Phase kaum noch Tore geschossen, aber wurde anschließend zum „Assist-König". Lionel Messi hatte in diesem Alter ein Formtief und wurde anschließend zusätzlich zu seiner Rolle als Stürmer auch noch zum Spielmacher.

Das läßt sich bei sehr vielen Spielern beobachten. Der Verein sollte aus der Formkrise mit 28-29 also nicht schließen, daß der Spieler zu alt ist, sondern nur, daß er gerade ein knappes Jahr lang eine innere Umstrukturierung durchmacht.

- - -

Fazit: Im „normalen Leben" ist es genauso wichtig wie im Fußball, dass man sich selber und seine Vorlieben, Neigungen, Stärken und Schwächen kennt und sich in seinem Leben an die Positionen stellt und sich die Umstände schafft, in denen man gedeihen kann und in denen man sich wohlfühlt.

Jeder Spieler (und auch jeder Mensch mit einem anderen Beruf) hat seinen eigenen Stil, den er weiterentwickeln sollte und dem er treu bleiben sollte, da er nur so wirklich effektiv sein kann. Weiterhin sollte man sich durch Krisen nicht den Mut nehmen lassen, weiterzumachen, sondern sich eben weiterzuentwickeln – was vor allem für die Saturn-Phase gilt.

… übrigens: *„Die Kroaten sollen ja auf alles treten, was sich bewegt. Da hat unser Mittelfeld ja nichts zu befürchten."* (Berti Vogts)

6. Strategie

♍

Wie in den meisten Lebensbereichen spielen auch im Fußball Strategie und Taktik eine große Rolle. Die Strategie ist die allgemeine Ausrichtung – die lange Zeit gleich bleibt – und die Taktik ist das einzelne Vorgehen – das des öfteren geändert wird. Die Strategie wird von der Vereinsführung und von dem Trainer festgelegt – die Taktik vom Trainer und von den einzelnen Spielern.

Die Strategie ist das allgemeine Spielsystem einer Mannschaft, das recht verschieden sein kann. die meisten Spielsysteme werden durch eine Zahlenfolge ausgedrückt, die den Torhüter, die Anzahl der Verteidiger, die Anzahl der Spieler im Mittelfeld und die Anzahl der Stürmer beschreibt. Bei dieser Art von Beschreibung wird der Torwart, der immer alleine im Tor steht, der Einfachheit meistens weggelassen, sodass in der Regel nur drei Zahlen übrigbleiben: Verteidigung – Mittelfeld – Sturm. Diese Aufteilung ist vor allem von der grundlegenden Spielidee des jeweiligen Trainers abhängig.

Die folgenden Beispiele sind von sehr defensiv über ausgeglichen zu offensiv hin geordnet.

5-4-1: Dieses System, bei dem rings um den Strafraum fünf Verteidiger stehen, ist das defensivste aller Spielsysteme – 1 Torwart, **5** Verteidiger, **4** Mittelfeldspieler, **1** Stürmer. Die Tore schießt hier der eine Stürmer bei seinen Konter-Angriffen.

4-5-1: Dieses ebenfalls sehr defensive Spielsystem baut eine „Mauer" im Mittelfeld, und überlässt das Toreschießen weitgehend dem einen einzelnen Stürmer – 1 Torwart, **4** Verteidiger, **5** Mittelfeldspieler, **1** Stürmer. Dieses System eignet sich besonders gut für Spiele gegen einen Gegner, der besonders offensiv spielt und gute Stürmer hat. Die eigenen Tore werden dann durch Konter, also durch überraschende Gegenangriffe erzielt.

5-3-2: Diese Form ist ein wenig offensiver als die vorige Form – 1 Torwart, **5** Verteidiger, **3** Mittelfeldspieler, **2** Stürmer.

4-6: Dieses System wird eingesetzt, wenn der Mannschaft gute Stürmer fehlen – 1 Torwart, **4** Verteidiger, **6** Mittelfeldspieler, die auch Gelegenheits-Stürmer sind.

4-3-2-1: In dieser etwas offensiveren Aufstellung werden flexible und vor allem auf den Außenbahnen auch sehr laufstarke Spieler (die beiden äußeren Mittelfeldspieler) gebraucht – 1 Torwart, **4** Verteidiger, **3** eher defensive Mittelfeldspieler, **2** eher offensive Mittelfeldspieler („Halbstürmer"), **1** Stürmer.

4-2-3-1: Diese sehr beliebte Spieler-Aufstellung gibt den Spielern teilweise variablere Aufgaben – 1 Torwart), **4** Verteidiger, **2** vorwiegend defensive Mittelfeldspieler, **3** vorwiegend offensive Mittelfeldspieler, **1** Stürmer. In diesem System müssen sich vor allem die Mittelfeld-Spieler gut koordinieren und viel laufen, da sie zwischen den Aufgaben des Angriffs, des Mittelfeldes und der Verteidigung hin- und herwechseln.

3-5-2: Diese Form, bei der zwei sehr laufstarke Spieler auf den Außenbahnen (die beiden äußeren Mittelfeldspieler) gebraucht werden, ist noch einmal etwas offensiver als die vorige Form – 1 Torwart), **3** Verteidiger, **5** Mittelfeldspieler, **1** Stürmer.

4-2-2-2: Dieses eher elastische System hat eine klar differenzierte Arbeitsteilung – 1 Torwart, **4** Verteidiger, **2** defensive Mittelfeldspieler, **2** offensive Mittelfeldspieler, **2** Stürmer.

4-4-2: Diese recht solide und eher defensiv ausgerichtete Aufstellung mit einem starken Mittelfeld ist sehr weit verbreitet – 1 Torwart, **4** Verteidiger (zwei Innenverteidiger und zwei Außenverteidiger), **4** Mittelfeldspieler (zwei Mittelfeldspieler und zwei Flügelspieler), **2** Stürmer.

4-3-3: Dieses System ist sehr offensiv und verzichtet auf ein stabiles Mittelfeld, weshalb es sehr konteranfällig ist – 1 Torwart, **4** Verteidiger, **3** Mittelfeldspieler und **3** Stürmer.

3-4-3: Auch in diesem Spielsystem wird von dem Mittelfeld eine große Flexibilität zwischen Angriff und Verteidigung gefordert – 1 Torwart, **3** Verteidiger, **4** zwischen defensiv und offensiv wechselnde Mittelfeldspieler und **3** Stürmer. Dieses System ist – wenn es funktioniert – recht stabil und hat zugleich einen starken Sturm.

4-1-4-1: Hier liegt der Schwerpunkt auf der Offensive – 1 Torwart, **4** Verteidiger, **1** Mittelfeldspieler, **4** sehr variable „Halbstürmer", **1** Stürmer. In diesem System gibt es einen Verteidigerblock (4+1), bei dem der eine defensive Mittelfeldspieler eine große Verantwortung trägt. Die vier „Halbstürmer" bedrängen die gegnerische Verteidigung und erspielen sich entweder selber Torchancen oder erschaffen sie für den einen „echten" Stürmer. Während des Spiels wird dieses 4-1-4-1 oft je nach Spielsituation in ein 4-3-3 oder in ein 4-1-3-2 verwandelt. Die Mittelfeldspieler und die Stürmer müssen also die jeweilige Lage erkennen und dann unterschiedliche Aufgaben übernehmen.

4-2-4: Dies ist eine sehr offensive Aufstellung mit vier Stürmern, bei der daher viele Tore erzielt werden, die aber auch anfällig für Gegentore ist – 1 Torwart, **4** Verteidiger, **2** Mittelfeldspieler, **4** Stürmer. Diese Form ist nur bei vier wirklich guten Stürmern sinnvoll, die deutlich mehr Tore schießen können als die Gegenmannschaft.

2-3-5: Dies war die erste komplexere Aufstellung in der Geschichte des Fußballs. Sie hat die Form eines Keils – 1 Torwart, **2** Verteidiger, **3** Mittelfeldspieler mit sowohl offensiven als auch defensiven Aufgaben, **5** Stürmer.

1-2-7: Die ist die erste schlichte Weiterentwicklung des ursprünglichen Systems gewesen – 1 Torwart, **1** Verteidiger, **2** Mittelfeldspieler, **7** Stürmer.

1-1-9: Das ist das ursprüngliche Spielsystem gewesen – 1 Torwart, **1** Verteidiger, die anderen **9** sind bei dem Ball, d.h. sie sind im wesentlichen Stürmer.

Es gibt noch eine Vielzahl an einzelnen Taktiken und allgemeinen Weisheiten, die im Fußball von einzelnen Spielern oder einer Gruppe von Spielern angewendet werden können. Diese Taktiken sind hier – wie zuvor die Spielsysteme – von defensiv über ausgewogen nach offensiv hin geordnet.

„**defensiv**": die Betonung liegt auf der Verteidigung; viele Spieler rings um den eigenen Strafraum

„**Mauer**": Reihe von Spielern, die die Ausführung eines Strafstoßes behindern soll

„**Spiel auf Zeit**": bewusst langsames und sicheres Spiel, um einen knappen Vorsprung bis zum Spielende zu retten

„**Befreiungsschlag**": in einer Notsituation ziellos vom eigenen Tor fortgeschossener Ball

„**Abseitsfalle**": Vorrücken der eigenen Spieler, wodurch der Angreifer ins Abseits gerät

„**Manndeckung**": ein Spieler hat vor allem die Aufgabe, einen gefährlichen Gegner ständig in dessen Spielfluss zu behindern

„**Härte**": Spielweise, die sich fast immer hart an der Grenze des gerade noch Erlaubten bewegt und dadurch den gegnerischen Spielfluss stört

„**Raumdeckung**": es wird nicht ein einzelner Spieler, sondern ein Bereich des Spielfeldes bewacht

„**Schweizer Riegel**": die beiden Innenverteidiger stehen nicht nebeneinander, sondern hintereinander und gehen stets zu der Seite, von der aus sie angegriffen werden

„**Mannschafts-Verteidigung**": wird in manchen Spielsystemen verwendet, bei gegnerischen Angriffen kehren alle Spieler der eigenen Mannschaft in die eigene Hälfte zurück, um bei der Verteidigung zu helfen

„**Ballbesitz**": darauf achten, dass der Ball möglichst sicher im Besitz der eigenen Mannschaft bleibt

„**Raumdeuter**": zum rechten Zeitpunkt an der richtigen Stelle stehen

„**Spiel ohne Ball**": durch die eigene Stellung oder Stellungsveränderung neue Räume und Möglichkeiten schaffen

„**Libero**": ein Spieler ohne feste Position, der sich weitgehend frei auf dem Spielfeld bewegt und die verschiedensten Aufgaben übernimmt; er kann z.B. ein Verteidiger sein, der auch offensive Aufgaben übernimmt

„**Pressing**": das sofortige Bedrängen des Gegenspielers, der gerade den Ball hat, wodurch der Spielaufbau des Gegners gestört wird

„**Tackling**": heftige, aber noch regelkonforme Störung des Gegners, durch die dieser den Ball verliert

„**Catenaccio**": die vier Verteidiger ziehen sich insgesamt etwas mehr nach links (wie die vier linken Verteidiger in einer Fünferreihe) und die vier Mittelfeldspieler ziehen auf gleiche Weise ein Stück nach rechts, wodurch die Lücken auf dem Weg zum Tor sehr eng werden

„**stabile Mittelachse**": dies sind der Torwart, zwei Innenverteidiger, zwei zentrale Mittelfeldspieler und ein Stürmer; wenn diese sechs Spieler gut aufeinander eingespielt sind, ist die gesamte Mannschaft effektiv; Neulinge werden daher meistens zunächst auf den beiden Außenbahnen eingesetzt

„**Konter**": Gegenangriff

„**Standard**": vor allem Freistoß und Eckstoß, aber auch Einwurf, Abstoß, Strafstoß und Anstoß

„**Flexibilität**": Stürmer sollten auch verteidigen können und Verteidiger sollten auch Tore schießen können

„**Umschalten**": Wechsel zwischen Angriff und Verteidigung je nach Ballbesitz, wobei in diesen beiden Fällen von der Mannschaft verschiedene Grundeinstellungen auf dem Spielfeld eingenommen werden können

„**totaler Fußball**": bei einem Angriff der eigenen Mannschaft rücken die Verteidiger in die Mittelfeldspieler-Positionen vor und die Mittelfeldspieler übernehmen die Aufgabe von zusätzlichen Stürmern – bei einem Angriff rückt daher eine „Spieler-Welle" nach vorne und bei einem Gegenangriff rückt diese „Spieler-Welle" wieder nach hinten; das erfordert von den Spielern ein hohes Spielverständnis, eine sehr gute Kondition und die Fähigkeit, auf allen Positionen spielen zu können

„**Flügelspiel**": ein Angriff über die Flügel (Außenrand des Spielfeldes) zwingt die gegnerische Abwehr dazu, sich zu dieser Seite zu verlagern, wodurch auf der anderen Seite des Spielfeldes unverteidigte Freiräume entstehen

„**Flügelzange**": zwei Flügelspieler, die gut aufeinander eingespielt sind und auf hohem Niveau spielen können, setzen die generische Abwehr durch den mehrfachen Wechsel des Balls zwischen den beiden Außenbahnen unter hohen Druck

„**Freilaufen**": Ausbruch aus einer Manndeckung, um einen Pass eines Mitspielers annehmen zu können

„**Schalker Kreisel**" oder „**Tiki-Taka**": der Ball wird mit vielen Kurzpässen ständig in den eigenen Reihen in Bewegung gehalten, wodurch ein hoher

Ballbesitz entsteht; die Spieler ändern dabei ständig ihre Position und sind dadurch nur schwer greifbar

„One-Touch-Fußball": den Ball sofort weiterschießen, um dem Gegner keine Zeit zur Formierung zu lassen; ist dem Tiki-Taka verwandt

„Tempowechsel": plötzlich von langsamen zu schnellen Spielzügen wechseln, um den Gegner „auf dem falschen Fuß" zu erwischen

„Steilpaß": in einem hohen Bogen zu einem Mitspieler geschossener Ball

„Flanke": Schuss von der Seitenlinie über die Spieler hinüber in den Strafraum zu einem Stürmer

„Distanzschuß": Schuss aus weiter Entfernung aufs Tor

„Doppelpaß": A spielt den Ball zu B, der den Ball zu A zurückspielt, was viel Laufaufwand und Verwirrung beim Gegner schaffen kann (in der Regel die Mittelfeld-Variante der „Flügelzange")

„Positionswechsel": zwei Spieler wechseln während des Spiels ihre Position und auch ihre Aufgabe, um die gegnerische Verteidigung zu verwirren

„Effetball" oder „Bananenflanke": Ball, dessen Flug nicht gerade, sondern in einem Bogen o.ä. verläuft – ähnlich den „angeschnittenen Bällen" beim Tischtennis

„hängende Spitze" oder „falsche Neun": ein Spieler, der zum einen als Mittelfeldspieler Torchancen erschafft und zum anderen auch selber als Stürmer Tore schießt

„Dribbling": geschicktes Spielen des Balles über eine längere Strecke, bei der man Gegenspieler umrundet

„Finten": allerlei kreative Täuschungen des Gegners

„Schwalbe" vorgetäuschter Sturz durch ein angebliches Foul

„Powerplay": kurzzeitig heftiges Spiel, bei der alle Spieler an die Grenze ihrer Leistungsfähigkeit gehen, um ein Tor zu erzielen

„offensiv": die Betonung liegt auf dem Angriff; viele Spieler auf der gegnerischen Hälfte

Es gibt natürlich noch weit mehr taktische Feinheiten (und Grobheiten), als hier aufgeführt worden sind. Insbesondere bei den Fouls haben manche Spieler eine recht große Kreativität.

- - -

Fazit: Geschick und Übung kann man überall brauchen, wenn man es in einer Sache zu einer gewissen Meisterschaft bringen will.

Auch im Fußball gibt es eine Vielzahl von sehr verschiedenen Strategien und Taktiken, um ein Spiel gewinnen zu können.

… übrigens: *„Zwei Chancen – ein Tor. Das nenne ich hundertprozentige Chancenauswertung.“* (Roland Wohlfahrt)

7. Kooperation

♎

Eine gute Kooperation ist das Kernstück eines jeden Mannschaftsports – und das Fundament einer guten Kooperation ist eine gute Kommunikation. Damit zählen sowohl die allgemeinen Strategie-Gespräche vor dem Spiel und Absprachen zwischen einzelnen Spielern vor dem Spiel als auch die Verständigung während des Spiels durch Zurufe oder Gesten oder ein wortloses Einverständnis. Nur durch die Kommunikation und durch Automatismen werden elf einzelne Spieler zu einem Team.

Dasselbe wie für die Spieler des Vereins gilt auch für die Leitung des Vereins: Nur wenn alle Beteiligten wirklich zusammenarbeiten, kann der Verein gedeihen.

Es gibt im Fußball auch nicht nur Konkurrenz, sondern auch gegenseitige Hilfe – und das nicht nur zwischen den Spielern einer Mannschaft. So hat z.B. der FC Bayern München mehrmals einem anderen Fußballverein durch eine größere Spende aus einer Notlage heraus geholfen und die Ultras (engagierte Fans) einiger Vereine haben hin und wieder wie z.B. in der Corona-Krise auch soziale Aufgaben übernommen.

Es ist auch durchaus förderlich, wenn es in einer Mannschaft wenigstens einen Spieler gibt, der in der Lage ist, zwischen anderen Spielern, die nicht so gut miteinander auskommen, zu vermitteln und generell den Teamgeist zu fördern. Manche Spieler wie Lionel Messi oder Thomas Müller sind für diese Fähigkeit allgemein bekannt.

Es gibt auch immer wieder Berichte über Fußballspieler, die sich auch abseits des Fußballplatzes um die Hilfe für Bedürftige kümmern und sie mit Spenden, Besuchen u.ä. unterstützen.

Auch die Organisation der Vereine in einem Dachverband kann man als eine Form der Kooperation ansehen und ebenso die Einführung von Spielregeln, bei denen vor allem das Verbot und die Bestrafung von Fouls eine Form der Schadensvermeidung und somit letztlich auch der Kooperation ansehen kann.

- - -

Fazit: Kooperation ist eine der wichtigsten Fähigkeiten, wenn es darum geht, gemeinsam etwas zu erreichen, was man alleine nicht schaffen würde.

Daher sollten auch Fußballer nicht nur Kämpfer sein, sondern auch einen ausgeprägten Teamgeist haben und sowohl klar sagen können, was sie wollen als auch zuhören können, wenn die anderen etwas sagen – und dann aus allem, was gesagt wurde, etwas machen, was mehr ist als das, was jeder Einzelne vorgeschlagen hat.

… übrigens: *„Mal verliert man und mal gewinnen die anderen.“* (Otto Rehhagel)

8. Gier

♏

Fußball ist ein Wettkampf – es geht also darum, dass eine der beiden Mannschaften gewinnt. Fußball zählt somit im weiteren Sinne zu den kämpferischen Sportarten. Die Spieler brauchen also einen ausgeprägten Siegeswillen. Dieser Ehrgeiz wird manchmal auch als „Gier" auf den Sieg bezeichnet.

Dieser Wettkampf findet nicht nur zwischen den beiden Mannschaften statt, sondern auch als Konkurrenz unter den Spielern um den Startplatz in der Elf. Diese Konkurrenz hält die Spieler wach und aktiv und strebsam.

Schließlich gibt es noch den Kampf zwischen den Fans – der sich eigentlich auf das Anfeuern der eigenen Mannschaft beschränken sollte, der aber manchmal leider ein bisschen ausartet – sowohl während des Spiels im Stadion als auch außerhalb des Stadions.

Schließlich gibt es noch das Foul als „Notbremse", um den Gegner zu Fall zu bringen. Bei Fouls, die ein Tor verhindern, wird das Verhalten des Spielers, der das Foul begangen hat, manchmal stark beschönigend als „er hat sich für die Mannschaft geopfert" umschrieben, d.h. er nahm eine Rote Karte in Kauf, um das Tor verhindern zu können.

Im Fußball gibt es drei grundsätzlich verschiedenen Arten, wie ein Wettkampf durchgeführt werden kann:

- Beim **Gruppenkampf** spielt jede Mannschaft einmal gegen jede andere und am Ende wird gezählt, wie viele Siege, Unentschieden und Niederlagen jede Mannschaft hat. Das wird dann nach einem Punktesystem ausgewertet. Das System in der Bundesliga vergibt für einen Sieg 3 Punkte, für ein Unentschieden 1 Punkt und für eine Niederlage 1 Punkt.

Diese Regel ist 1994 anstelle der alten Regel, nach der es bei einem Sieg 2 Punkte, bei einem Unentschieden 1 Punkt und bei einer Niederlage 0 Punkte gab, von der FIFA eingeführt worden. Diese Regeländerung sollte einen Sieg in jedem Spiel lohnend machen und verhindern, dass es manchmal Spiele gibt, in denen nicht gekämpft wird, weil beide Mannschaften mit dem einem Punkt vom Unentschieden zufrieden wären, da ihnen 2 Punkte nicht mehr als 1 Punkt nützen würden, aber 0 Punkte ein großer Nachteil wären. Diese Szenerie ist bei 3 Punkten für einem Sieg deutlich unwahrscheinlicher.

Dieses Wettkampf-System wird bei der Bundesliga angewendet.

- Beim **k.o.-System** spielen alle Mannschaften gegen eine andere Mannschaft – wer dabei verliert, scheidet aus. Dann spielen wieder die übriggeblieben Mannschaften gegeneinander und der Verlierer scheidet wieder aus. Auf diese Weise schrumpft die Anzahl der Mannschaften jedesmal auf die Hälfte bis nach dem Endspiel nur noch eine Mannschaft übrigbleibt und der Sieger ist.

Dieses System wird beim Pokal angewendet.

- Schließlich gibt es die **Kombination aus beiden Systemen**. Dabei gibt es erst die „Gruppen-Phase" von meist vier Mannschaften, bei der jeder gegen jeden spielt und die zwei oder drei besten weiterkommen. Anschließend findet eine k.o.-Phase statt.

Dieses System wird bei Europa-Meisterschaften und bei Weltmeisterschaften angewendet.

Ein Fußballspiel kann für die Spieler sehr anstrengend sein – vor allem, wenn sie ein sehr laufintensives Spielsystem haben.

In Deutschland fallen pro Jahr für jede Mannschaft in der 1. Bundesliga und der 2. Bundesliga jeweils 34 Spiele ($2 \cdot 17$) an und in der 3. Liga 38 Spiele ($2 \cdot 19$).

Dazu kommen dann bei den Pokal-Wettkämpfen, an denen 32 Mannschaften teilnehmen, nochmal 1-5 Spiele hinzu. Das sind dann zwischen 35 und 43 Spiele.

Wenn ein Spieler zudem noch an Trainingsspielen mit anderen Mannschaften, Freundschaftsspielen, Benefizspielen, Europameisterschaften, Weltmeisterschaften usw. teilnimmt, kann er im Extremfall auf bis zu 70 Spielen pro Jahr kommen – was eigentlich schon zu viel ist, da zwischen zwei Spielen auch Zeit zur Regeneration nötig ist.

Diese Regenerationszeit ist bisweilen auch ein Streitpunkt, wenn Spieler verletzt worden sind. Am bekanntesten ist vermutlich die heftige Auseinandersetzung zwischen dem Trainer Pep Guardiola beim FC Bayern München, der dem Mannschaftsarzt Hans-Wilhelm Müller-Wohlfahrt vorwarf, die Spieler viel zu langsam wieder fit zu machen.

Aus Sicht des Trainers – wenn er wie der Steinbock Guardiola auf die konstante Leistung des Spielers blickt – sollte der Spieler durch Spritzen und dergleichen möglichst schnell wieder spielen können. Aus der Sicht des Arztes – wenn er wie Müller-Wohlfahrt ein Löwe ist – sollte der Spieler so gründlich wie möglich geheilt werden. Wenn dann der Trainer und der Arzt auch noch den entgegengesetzten Aszendenten haben – Guardiola Stier und Müller-Wohlfahrt Skorpion – kann es zwischen ihnen sehr heftig krachen.

- - -

Fazit: Das Prinzip der Konkurrenz und des Wettkampfs durchzieht unsere gesamte Kultur und kollektive Organisation: in der Freien bzw. Sozialen Marktwirtschaft werden Angebot und Nachfrage über den Wettbewerb zusammengebracht und in der Demokratie regelt der Wettbewerb zwischen den Parteien, wer an die Regierung kommt.

Ohne einen ausgeprägten Sinn für den Wettkampf und ein entschlossenes Gewinnenwollen ist man im Fußball an der falschen Stelle.

… übrigens: *„Einige haben von einem recht guten Spiel gesprochen – da frage ich mich, ob ich zum Augenarzt oder zum Ohrenarzt muss."* (Andreas Möller)

9. Trainer

♐

Der Trainer ist sozusagen der Handelsherr, der das Schiff der Mannschaft auf die Fahrt durch das Spiel schickt. Sein Vertreter auf dem Spielfeld ist der Kapitän der Mannschaft. Die Trainer bestimmen die Spielidee, die Strategie und die generelle Richtung und Spielweise.

Die Trainer haben alle einen recht verschiedenen Charakter, der sich auch deutlich in ihren Anweisungen und in dem von ihnen entworfenen Spielstil zeigt.

Die folgenden Kurzbeschreibungen der Stile dieser Trainer sind nach dem Geburtsjahr der Trainer geordnet, da sich so am besten die Weiterentwicklung der Spielsysteme und der Trainingsmethoden erkennen lässt.

Helmut Schön (*1915 †1996) ist eine Jungfrau, sein Aszendent ist unbekannt. Er ist der bisher erfolgreichste Bundestrainer. Seine astrologische Prägung zeigt sich darin, dass für ihn die Ordnung im Spielaufbau sehr wichtig war sowie die klare Aufgabenverteilung, das klares Spielsystem, die Konzentration auf den Ball, schnelle Reflexe sowie das Mittelfeld als Mannschaftszentrum. Er lernte den Fußball auf der Straße und ihm war der Spaß am Beruf wichtiger als Geld.

Bis zu Helmut Schön ist Fußball mehr oder weniger noch eine „paramilitärische Übung" unter einem „General im Trainingsanzug" gewesen. Er hörte sich hingegen die Argumente der Spieler stets genau an, blieb immer ruhig und sachlich und hat nie jemanden zu etwas gezwungen. Er ließ den Spielern große Freiräume und vertraute auf „mündige Spieler", die selber Verantwortung trugen, für das Ganze handeln und die anderen begeistern sollten. Er betonte die Spielkunst und führte das Wechselspiel an den Flügeln und neue kreative Spielzüge ein.

Giovanni Trappatoni (*1939) ist ein Fisch mit Schütze-Aszendent. Er ist als Fisch auf das Gefühl in der eigenen und in der gegnerischen Mannschaft ausgerichtet und fordert durch seinen Schütze-Aszendenten von allen den maximalen Einsatz.

Er war vor allem in Italien sehr erfolgreich, aber hat auch in Deutschland, Portugal und Österreich Meisterschaften gewonnen.

Sein Stil und sein Anspruch an die Spieler wird vor allem durch seine berühmte „Wutrede" nach einem Spiel, das Bayern München unter seiner Leitung verloren hatte, deutlich:

Es gibt im Moment in diese Mannschaft, oh, einige Spieler vergessen ihnen Profi was sie sind. Ich lese nicht sehr viele Zeitungen, aber ich habe gehört viele Situationen: Wir haben nicht offensiv gespielt. Es gibt keine deutsche Mannschaft spielt offensiv und die Namen offensiv wie Bayern. Letzte Spiel hatten wir in Platz drei Spitzen: Elber, Jancker und dann Zickler. Wir mussen nicht vergessen Zickler. Zickler ist eine Spitzen mehr Mehmet eh mehr Basler. Ist klar diese Wörter, ist möglich verstehen, was ich hab' gesagt? Danke. Offensiv, offensiv ist wie machen in Platz.

Ich habe erklärt mit diese zwei Spieler: Nach Dortmund brauchen vielleicht Halbzeit Pause. Ich habe auch andere Mannschaften gesehen in Europa nach diese Mittwoch. Ich habe gesehen auch zwei Tage die Training. Ein Trainer ist nicht ein Idiot! Ein Trainer sehen, was passieren in Platz. In diese Spiel es waren zwei, drei oder vier Spieler, die waren schwach wie eine Flasche leer!

Haben Sie gesehen Mittwoch, welche Mannschaft hat gespielt Mittwoch? Hat gespielt Mehmet, oder gespielt Basler, oder gespielt Trapattoni? Diese Spieler beklagen mehr als spielen! Wissen Sie, warum die Italien-Mannschaften kaufen nicht diese Spieler? Weil wir haben gesehen viele Male solche Spiel. Haben gesagt, sind nicht Spieler für die italienische Meisters.

Struuunz! Strunz ist zwei Jahre hier, hat gespielt zehn Spiele, ist immer verletzt. Was erlauben Strunz? Letzte Jahre Meister geworden mit Hamann eh ... Nerlinger. Diese Spieler waren Spieler und waren Meister geworden. Ist immer verletzt! Hat gespielt 25 Spiele in diese Mannschaft, in diesem Verein! Muss respektieren die andere Kollegen!

Haben viel nette Kollegen, stellen sie die Kollegen in Frage! Haben keinen Mut an Worten, aber ich weiß, was denken über diese Spieler!

Mussen zeigen jetzt, ich will, Samstag, diese Spieler mussen zeigen mich eh ... seine

Fans, mussen allein die Spiel gewinnen. Ich bin müde jetzt Vater diese Spieler, eh, verteidige immer diese Spieler! Ich habe immer die Schulde über diese Spieler. Einer ist Mario, einer, ein anderer ist Mehmet! Strunz dagegen egal, hat nur gespielt 25 Prozent diese Spiel!

Ich habe fertig!

Jupp Heynkes (*1945) ist ein Stier mit Löwe-Aszendent. Er war als Spieler schnell, vielseitig und torgefährlich. Als Trainer ist er vor allem bodenständig geblieben und war gegenüber allen Spielern und auch gegenüber anderen Trainern stets respektvoll. Als Stier wollte er die Mannschaft gedeihen lassen und durch seinen Löwe-Aszendent besaß er eine gute Menschenkenntnis und einen großen Respekt vor der Individualität jedes Einzelnen, was ihm auch den Respekt und das Vertrauen der Spieler einbrachte.

Die starke Betonung der Verteidigung entspricht dem beschützenden Stier; ebenso ist das Pressing und das Gegenpressing der Druck an der Grenze, die der Stier beschützt. Es gelang ihm auch, das Selbstbewusstsein der Spieler und dadurch auch die Leistung der Mannschaft deutlich zu steigern – was seinem Löwe-Aszendent entspricht.

Arséne Wenger (*1949) ist eine Waage mit Schütze-Aszendent. Er ist als Waage stets auf den lebendigen Kontakt zu allen bedacht und sprach mit den Trainerhelfern stets auf Augenhöhe, doch er bewahrte sich aufgrund seines Schütze-Aszendenten stets die letzte Entscheidung. Im Training herrschte bei ihm immer eine heitere Waage-Stimmung trotz der großen Konzentration aufgrund seines Schütze-Aszendenten. Ihm war es wichtig, daß alle respektvoll miteinander umgingen (Waage), aber trotzdem auch kritisch sein durften, wenn es dem gemeinsamen Ziel diente (Schütze). Nach dem Training gab es eine gemeinsame Pause für alle mit Massage und Mittagessen (Waage). Er verbreitete stets Optimismus (Schütze).

Wenger hat selber als Verteidiger und Libero gespielt, anschließend Wirtschaft studiert und ist heute Direktor für globale Fußballförderung bei der FIFA. Er war ein guter Talent-Scout und hat junge Spieler gefördert und konnte deshalb sehr sparsam beim Spieler-Einkauf sein. Er trainierte 22 Jahre lang den FC Arsenal London, bei dem er neue Trainingsmethoden und eine Ernährungsumstellung der Spieler einführte. Er wirkte an der Gestaltung des neuen Stadions bis ins kleinste Detail mit und wurde allgemein „Professor" oder „Boss" genannt.

Er lehrte das Mittelfeld-Pressing, das Vermeiden von Querläufen im Spielfeld, Kurzpässe, Pässe nach möglichst weit vorn, das Eingehen von Risiken bei Schüssen auf das Tor in Tornähe sowie den sofortigen Kampf gegen den gegnerischen Ballbesitzer. Er blieb eine ganze Saison lang ungeschlagen.

Carlo Ancelotti (*1959) ist ein Zwilling mit Jungfrau-Aszendent. Er ist daher von seiner Grundeinstellung her schnell und beweglich, aber von seinem Vorgehen her genau und akribisch. Er war einer der erfolgreichsten europäischen Trainer und hat Meisterschaften in Italien, England, Frankreich, Deutschland und Spanien gewonnen. Er selber war ein Mittelfeldspieler, der viel gelaufen ist und der ein geschickter Ballverteiler war: Beweglichkeit (Zwilling), die präzise umgesetzt wird (Jungfrau).

Ihm war der sehr menschliche Umgang mit den Spielern wichtig und er hat ein Buch mit dem Titel „Stille Führung – wie man Menschen und Spiele gewinnt" geschrieben. Er vertrat als Zwilling die Ansicht, dass Stillstand Rückschritt bedeuten kann und dass man niemals glauben darf, dass die Taktik, die man heute erfolgreich eingesetzt hat, auch morgen noch erfolgreich sein wird.

Er betonte als Ex-Mittelfeldspieler die Kontrolle des Mittelfeldes, die niemals in Hektik geraten darf, sondern die Ruhe und Gelassenheit ausstrahlen muss. Er prägte den Spielern auch immer wieder ein, dass das Spiels ohne Ball, also die Kontrolle (Jungfrau) über die Räume auf dem Spielfeld (Zwilling), sehr wichtig ist.

Er schaffte den „Heldenfußball", der auf den Leistungen Einzelner beruht, ab und forderte mehr Strategie, weshalb er allen klare Rollen zuwies, aber dabei teilweise ungewöhnliche Rollen-Zuschnitte nutzte, die zu den Fähigkeiten der Spieler passten. Er förderte das Zusammenspiel und forderte mehr Dynamik, aber gab keine ganz festen Plätze vor, sondern regte die Spieler zu mehr Beweglichkeit an, die jedoch immer die ganze Mannschaft im Blick behielt.

Joachim Löw (*1960) ist ein Wassermann mit Zwillinge-Aszendent. Er ist daher ein Theoretiker mit Überblick (Wassermann), der für Experimente, Tricks und Kniffe offen ist (Zwillinge). Er war als Stürmer gut im Zweikampf und hat in seiner Jugend einmal in einem einzigen Spiel 18 Tore geschossen. Er ist der Bundestrainer mit den meisten Spielen, mit den meisten Siegen und mit den meisten Unentschieden.

Er ist stets ausgeglichen und dabei ein scharfsinniger Analytiker und geschickter Taktiker, der sich zusammen mit den Spielern aufmerksam Spielszenen-Videos anschaut. Er betont das Spielen als Team (Wassermann) und benutzt als Basis-Strategie Ballgewinn und gute Pässe und betont, dass Pressing nur als Team wirklich gut funktioniert.

José Mourinho (*1963) ist ein Wassermann mit Steinbock-Aszendent. Er ist in Portugal, England, Italien und Spanien sehr erfolgreich gewesen. Er hat bereits als Jugendlicher Spielanalysen für seinen Vater gemacht, der Fußball-Trainer war. Mourinho war selber ein Spieler, aber nicht in der Oberliga. Er hat ein Studium der Sportwissenschaften mit einem hervorragenden Abschluss absolviert. Als Trainer blieb er neun Jahre lang in Liga-Heimspielen unbesiegt: 150 Spiele – 125 Siege, 25 Unentschieden.

Für ihn war die hohe Motivation, das Gewinnenwollen das Fundament des Sieges. Daher ist er für seine Motivations-Reden vor Spielbeginn bekannt, bei denen er Methoden aus dem modernen Management und aus der Motivations-Forschung benutzt. Er sieht sich als der Psychologe seiner Mannschaft an und vermittelt seinen Spielern, dass „alle gegen uns sind" und dass sie nicht nur das bevorstehende Spiel, sondern alle Spiele gewinnen müssen. Auf dieser Einstellung und auf diesen Motivations-Reden beruht die überlegene Mentalität der Spieler in den Mannschaften, die Mourinho trainiert.

Als Wassermann betont er immer wieder, dass es ohne Teamwork keinen Erfolg geben kann und dass deshalb der gegenseitiger Respekt und die Kommunikation untereinander so wichtig ist. Auch er selber ist loyal und ehrlich zu den Spielern und schützt sie durch seine öffentlichen Provokationen vor dem Vereins-Vorstand, den Fans und den Medien. Dabei ist er – im Gegensatz zu anderen Trainern – so kantig, provokativ, eloquent, intelligent, zielstrebig, beleidigend, polarisierend, arrogant und zugleich populär, dass alle nur noch auf ihn schauen und die Spieler selber in Ruhe lassen. Eine ähnliche Haltung findet sich sonst nur noch bei Uli Hoeneß vom FC Bayern, München, der als „Abteilung Attacke" die Spieler schützt.

Durch seinen Steinbock-Aszendent war er zugleich ein harter Arbeiter, der alles genau analysierte und die Strategie und die Spiele akribisch plante und vorbereitete. Er war sehr streng und forderte von allen Disziplin, Demut, emotionale Selbstkontrolle und dieselbe harte Arbeit wie von sich selber. Dabei entwarf er ein individuelles Training für jeden Spieler.

Seine Taktik, durch eine massive Verteidigung den Sechzehnmeter-Raum dicht zu machen wurde ihm oft als „destruktiver Fußball" vorgeworfen. Gleichzeitig waren seine Mannschaften aber auch für ihr aggressives Pressing und ihr schnelles Umschalten von Verteidigung zu Angriff sowie ihr geschicktes Verwenden der Abseitsfalle bekannt.

Christian Streich (*1965) ist ein Zwilling mit Schütze-Aszendent. Er ist, bis er 29 Jahre alt war, Spieler gewesen, dann im Alter von 30-59 Jahren erst Trainer der U19 und dann der Profi-Mannschaft von Freiburg gewesen. Er ist nach seiner ersten Saturnphase im Alter von 29 Jahren vom Spieler zum Trainer gewechselt und nach seiner zweiten Saturnphase im Alter von 59 aus dem Traineramt ausgeschieden, um wieder etwas Neues zu machen (siehe dazu Kapitel 5). Als Zwilling war er sehr beweglich und sprachgewandt, aber dabei durch seinen Schütze-Aszendent immer auch sehr zielorientiert.

Er war als Trainer sehr erfolgreich und erreichte den Klassenerhalt des Vereins und führte seine Mannschaft in die obere Hälfte der Bundesliga. Christian Streichs oft markante, aber zugleich auch bodenständige Sprüche über Fußball oder über allgemeine gesellschaftliche Themen wurde im TV ausgestrahlt und in einer Freiburger Zeitung in der Kolumne „Streich der Woche" veröffentlicht.

Freiburg war unter seiner Leitung taktisch flexibler als andere Bundesliga-Mannschaften. Er vertrat als Zwilling den Grundsatz, dass alles immer beweglich bleiben sollte, und besprach seine neuen Ideen erst mit seinen Co-Trainern und anschließend mit den Spielern und frug sie, ob sie sich die neue Rolle zutrauen würden und ob sie sich damit wohlfühlen würden. Daher wechselten die Spieler auch mal in andere Positionen. Dabei sah Streich es als wesentlich an, stets zu schauen, wer zu wem passt – das sah er als das wichtigste Element beim Aufbau einer Mannschaft, die wirklich als Team spielen kann, an.

Hansi Flick (*1965) ist ein Fisch – sein Aszendent ist unbekannt. Er ist als Fisch ein Gefühlsmensch, der sich gut in andere hineinversetzen kann und daher ein Gespür dafür hat, was sie brauchen, um ihre höchste Leistung erbringen zu können. Durch seinen menschlichen Umgang mit den Spielern und seine Nähe zu ihnen vertrauten sie ihm und gewannen dadurch Selbstvertrauen. Er selber ist ein Mittelfeldspieler gewesen.

Flick ließ vor allem Angriffsfußball spielen – er entfaltete das Angriffspotential eines Teams und riskierte dafür Gegentore nach Kontern. Er forderte eine ständige Intensität und Aktivität, Flanken auf den Stürmer, Pässe nach vorn zu den Stürmern und das Vorrücken der Außenverteidiger nach vorn, wodurch oft fünf Spieler im Angriff waren, wovon die meisten gegnerischen Verteidiger oft überfordert waren. Dazu passt seine Forderung nach frühem Pressing auch in der gegnerischen Hälfte. Unter seiner Leitung gewann Bayern München das Sextupel (sechs Pokale in einer Saison).

Jürgen Klopp (*1967) ist ein Zwilling mit Löwe-Aszendent. Er ist als Spieler erst Stürmer, dann Mittelfeldspieler und schließlich Verteidiger gewesen. Als Zwilling ist er vielseitig, findig und ideenreich; durch seinen Löwe-Aszendenten versteht er die Individualität der Spieler und kann sie begeistern. Er ist auch für seine heftige Emotionalität bekannt – und wurde daher öfter als jeder andere Trainer vom Spielfeldrand verwiesen. Durch seine Zwilling-Sonne war er sehr spontan und durch seinen Löwe-Aszendenten sagte er geradeheraus, was er dachte.

Klopp hat seinen Stil des Gegenpressings, den er aus einer italienischen Taktik weiterentwickelt hat, manchmal „Heavy Metal Fußball" genannt. Dabei soll der Ball bereits nah am gegnerischen Tor zurückerobert werden, da man dann bereits wieder näher am Tor ist. Es wird sozusagen der Konter des Gegners sofort wieder gekontert, indem man ihn bereits in dessen eigener Hälfte bedrängt. Da dieser Stil sehr lauf-intensiv ist, müssen die Spieler bei diesem Stil darauf achten, wann sich das Gegen-pressing lohnt und wann nicht, um nicht schnell ausgepowert zu sein.

Pep Guardiola (*1971) ist ein Steinbock mit Stier-Aszendent. Er vertritt als Stein-bock strenge Regeln – er hat ein Jahr Jura studiert. Als Stier strebt er nach Besitz: Ballbesitz und sichere Ballzirkulation („Tiki-Taka"). Er ist ein defensiver Mittelfeld-spieler gewesen, also entsprechend seinem Stier-Stil ein Beschützer und zudem durch seine Sonne im Steinbock auch ein „Bestimmer", also eine Führungspersönlichkeit.

Dementsprechend vermittelt er seinen Mannschaften eine klare Spielphilosophie, lehrt sie Taktik, leitet ein sehr intensives Training an und führte ein ebenso intensives technisches Training ein, damit die Mannschaft in den Spielen möglichst dominant wird. Als Strategie benutzt er die Überladung der Feldmitte mit Spielern (er war selber ein Mittelfeldspieler), was die gegnerischen Verteidiger zum Vorrücken vorlocken soll, damit der eigene Angriff die gegnerische Abwehrreihe durchbrechen kann.

Bei Ballverlust sollen die Spieler schnell zum Pressing in der gegnerischen Feldhälfte übergehen. Zudem sollten schnelle Konterangriffe durchgeführt werden und schnelle Pässe zu den Stürmern gespielt werden, während zugleich die Außenverteidiger vorrücken.

Guardiola betont die Notwendigkeit der taktischen Intelligenz und ermutigt seine Spieler, flexibel und kreativ zu sein und attraktiven Fußball zu spielen.

Frank Schmidt (*1974) ist ein Steinbock mit Wassermann-Aszendent. Er ist als Steinbock zuverlässig und standfest und hat durch seinen Wassermann-Aszendenten einen großen Überblick und viele Ideen. Seine Steinbock-Qualität der Beständigkeit zeigt sich auch darin, dass er schon mehr als 16 Jahre am Stück bei demselben Verein ist und damit der dienstälteste Trainer beim selben Verein (Heidenheim) in der Bundesliga ist. Er hat zudem noch eine Art „Lebensbund" für den Verein mit dem Heidenheim-Geschäftsführer Holger Sanwald geschlossen.

Er hat selber als torgefährlicher Abwehrspieler nur in der 2. Bundesliga gespielt, aber als Trainer führte er Heidenheim von der vierthöchsten Klasse (Oberliga) in die höchste Klasse (1. Bundesliga) und in die UEFA Europa Conference League. Aufgrund eines Knorpelschadens im Hals steht sein Kopf immer schief.

Sein Wassermann-Aszendent zeigt sich in seiner schnellen Auffassungsgabe, die es ihm ermöglicht, sofort nach einem Spiel eine perfekte Analyse vorzutragen. Er fällt immer wieder durch starke Statements und Inhalte auf. Er betont immer wieder, dass Erfolg ein starkes Team braucht und dass Gemeinschaft besser als Egoismus ist. Er lebt seinen Spielern die Begeisterung, Leidenschaft, Energie, Überzeugungskraft, Mentalität und Flexibilität vor, die er sich von ihnen wünscht. Die Mannschaft soll stets mit der maximalen Geschwindigkeit in beide Richtungen spielen

Ein wichtiger Steinbock-Wert ist für ihn die Resilienz: „Wer hinfällt, muss sofort wieder aufstehen." „Kopf hoch – weitermachen." „Geht raus, lasst dem Gegner keine Luft und gebt nie auf!" Entsprechend dieser Einstellung heißt der Titel des Buches, das er geschrieben hat „Unkaputtbar".

Der gelernte Bankkaufmann bleibt stets bescheiden, glaubwürdig und nahbar und vertritt und lebt die Werte Treue, Bodenhaftung, Ursprünglichkeit und Fleiß. Er ist klar, ehrlich und schnörkellos im Miteinander und ist daher das authentische Sprachrohr des Vereins. Ihm ist zudem wichtig, dass niemand im Verein vergisst, was im Leben wirklich zählt – und das ist nicht der Fußball, sondern Nächstenliebe und Demut. Frank Schmidt ist 2018 beinahe an einer Lungenembolie gestorben.

Julian Nagelsmann (*1987) ist ein Löwe mit Skorpion-Aszendent. Er ist daher sehr eigenständig und will die Dinge lenken (Löwe) und tut dies auf strategisch und taktisch sehr geschickte Weise (Skorpion). Er hat selber als Innenverteidiger gespielt und war schon früh (entsprechend seinem Skorpion-Aszendenten) ein sehr guter Spielbeobachter, der seine Analysen sehr akribisch durchgeführt hat.

Als Ex-Verteidiger ist ihm die korrekte Raumbesetzung wichtig. Er hält den defensiven Mittelfeldspieler für den Angelpunkt im Spiel.

Seine Löwe-Grundhaltung zeigt sich in seiner Betonung des kreativen Mittelfeldes als Weg nach vorn und darin, wie wichtig ihm die Teambildung ist, bei der er das Zusammenpassen der Spieler für noch ausschlaggebender hält als die Taktik, da die Spieler ohne diese Sympathie füreinander nicht als Einheit spielen können. Er geht bei einer neu übernommenen Mannschaft auf deren Spielgewohnheiten ein, um die Einheit der Mannschaft nicht zu gefährden, und baut ihre Strategie nur allmählich um. Dabei benutzt er Grundmuster im Spiel statt fester Prinzipien, da die Mannschaft dadurch unberechenbarer wird.

Sein Skorpion-Vorgehen wird in seiner Betonung der Zielstrebigkeit zum gegnerischen Tor deutlich. Anfangs benutzte er offensives Pressing und das schnelle Umschaltspiel als Methode, doch nach und nach ging er mehr zu einem Ballbesitzfußball über, in dem die Außenverteidiger jedoch noch immer zwischenzeitlich auch Angreifer sein können. Nagelsmann nimmt je nach Gegner taktische Veränderungen im Spielstil vor. Er unterscheidet z.B. auch das Einwechseln von Qualitätsspielern, um die Taktik zu ändern, von dem Einwechselnd von Mentalitätsspielern, die der Mannschaft die in einer Krise benötigte emotionale Unterstützung geben.

Xabi Alonso (*1981) ist ein Schütze mit Löwe-Aszendent. Er ist als Schütze sehr zielstrebig und benutzt dafür entsprechend seinem Löwe-Stil die Mannschaft als organische Einheit. Dazu passt es, dass er selber ein Mittelfeldspieler gewesen ist, da diese Spieler das „Herz" der Mannschaft sind. Unter ihm gewann Leverkusen das erste Mal eine Meisterschaft und war dabei auch noch die erste Bundesliga-Mannschaft, die eine ganze Saison lang ungeschlagen geblieben ist.

Entsprechend seiner Mittelfeldspieler-Karriere ist für ihn das Mittelfeld das Zentrum des Spiels. Der zentrale Mittelfeldspieler kann jeden Ball von jedem Spieler annehmen und ihn an andere Spieler weiterleiten. Xhaka, der diese Rolle übernommen hat, hat in der Sieg-Saison (2023/2024) 2900 Ballberührungen gehabt – die nächsthäufige Zahl an Ballberührungen bei den übrigen Bundesligaspielern betrug nur 2300 Ballkontakte.

Entsprechend Alonsos Löwe-Aszendenten spielt auch die Mannschaft als Einheit individuell flexibel, aber in einer klaren Gesamt-Ordnung. Dadurch kann jeder Spieler überall auftauchen und auch die Verteidiger gehen zwischendurch nach vorn. Zu dieser Einheit gehört auch das Zuspiel „um die Ecke", also unter Einbeziehung eines dritten Mannes, was von den Spielern ein großes Verständnis füreinander erfordert. Alonso verfügt über eine große emotionale Intelligenz und Führungsstärke, die es ihm ermöglichen, die Mannschaft zu einer Einheit zu formen.

In seinem Spielstil wird auch auf den Rhythmus geachtet, d.h. auf den ausgewogenen Wechsel zwischen Ruhe und Tempo, zwischen Positionsspiel und schnellen, aber strukturierte Offensiven, zwischen Verteidigung und schnellen Konterangriffen.

Die Leidenschaft, mit der gespielt wird, gibt der Mannschaft die nötige Kraft. Das Team gibt nie auf und schießt viele Tore noch in der Nachspielzeit – selbst die Innenverteidiger schießen spielentscheidende Tore.

Es wird zudem Wert auf die technischen Fähigkeiten und die Taktik gelegt. Die gegnerischen Verteidiger werden oft nach vorne gelockt, sodass die eigenen Angreifer in den Freiraum dahinter vorstoßen und in Tornähe gelangen können. Zudem erschweren häufige Abwandlungen der Aufstellung dem Gegner die Einstellung auf die Mannschaft. Dasselbe gilt für die variantenreich ausgeführten Standards.

Vincent Kompany (*1986) ist ein Widder mit Krebs-Aszendent. Durch seinen Krebs-Aszendenten will er den eigenen Bereich schützen – folglich spielte er als

Innenverteidiger und als defensiver Mittelfeldspieler. Er wurde zeitweise als bester Verteidiger der englischen Premier League bezeichnet und ist in Belgien als Fußballer des Jahres ausgezeichnet worden. Er hat eine starke Physis, ist technisch gut, spielt intelligent und kann die Absichten der Gegner voraussehen. Seine Führungsstärke ließ ihn schließlich vom Verteidiger/Mittelfeldspieler zum Trainer wechseln.

Als Trainer bei Bayern München lässt er die Mannschaft einen sehr freien Stil spielen. Anstelle von festen Positionen haben die Spieler große Freiheiten, sodass auch ein rechter Verteidiger als Stürmer auf der linken Seite in der gegnerischen Hälfte auftauchen kann. Dieses „Thomas Müller"-Prinzip entspricht dem Widder, der in jedem Augenblick seinen Impulsen folgen will.

Diese große Freiheit wird durch die Qualitäten des Krebs-Aszendenten von Vincent Kompany ausgeglichen: Die Mannschaft achtet darauf, was die anderen machen und wenn z.B. ein Verteidiger nach vorne stürmt, weil er gerade eine gute Gelegenheit dazu hat, lässt sich ein Mittelfeldspieler (Joshua Kimmich) zurückfallen und über-nimmt vorübergehend die Rolle dieses Verteidigers.

Die Mannschaft spielt also als Ganzes (Krebs), wodurch die einzelnen Spieler die Chancen besser nutzen können (Widder), die sich ihnen aus dem Spielverlauf heraus anbieten. Selbst der Torwart (Manuel Neuer) läuft in diesem Spielstil bisweilen bis über die Mittellinie ins gegnerische Feld hinein.

Kompanys Fähigkeit zum Vorhersehen des Verhaltens der gegnerischen Spieler und seine Führungsstärke haben dazu geführt, dass er bereits als Spieler der eigentliche – inoffizielle – Trainer der Mannschaft gewesen ist, in der er gespielt hat. Hier zeigt sich sowohl die voranstürmende Art des Widders als auch das Vertrauen, das die anderen aufgrund seines Krebs-Aszendenten in ihn haben.

Vincent Kompany spricht sechs Sprachen, hat einen Abschluss als „Master of Business Administration" und besitzt zwei Sportsbars sowie einen belgischen Fuß-ballverein, den er nach der Insolvenz des Vereins gekauft und ihn dadurch vor der Auflösung gerettet hat.

- - -

Die Trainer sind vorher oft Mittelfeldspieler gewesen, die mit so gut wie allen anderen Spielern in Kontakt sind. Die Mittelfeldspieler sind in einer ähnlichen Position wie die Bratschisten in einem Orchester, die durch ihre meist unspektakulären Passagen in dem mittleren Streicher-Bereich (tiefer als Violine, höher als Cello) kaum auffallen, aber den Klang des Orchesters zusammenhalten. Daher sind viele Dirigenten (deren Aufgabe der des Trainers entspricht) ursprünglich Bratschisten gewesen sind. Die Mittelfeldspieler haben im Fußball genauso eine verbindende und zusammenfügende Rolle wie die Bratschen-Spieler in einem Orchester.

Um ein guter Orchester-Dirigent oder „Fußballmanschafts-Dirigent", also Trainer zu sein, braucht man eine Position „in der Mitte" und den Kontakt zu allen Beteiligten. Zudem ist ein Mindestmaß an Führungsstärke notwendig sowie ein großes strategisches und taktisches Geschick. Im Zentrum scheint jedoch immer die gute Beziehung zur Mannschaft zu stehen, denn wie sonst solle ein Trainer wie ein „Herz" den „Organismus" einer Mannschaft beleben können?

- - -

Fazit: Jedes Projekt braucht ein klares Ziel und eine einheitliche Richtung. Daher schließt sich entweder eine Gruppe mit gleichen Zielen zusammen oder jemand hat ein Ziel, das ihm wichtig ist, und sucht Mitstreiter.

Diese Aufgabe der Zielausrichtung und auch der Festlegung des Weges dorthin hat im Fußball der Trainer – und teilweise noch die Vereinsführung, die ja auch den Trainer auswählt.

… übrigens: *„Die Schweden sind wie die Mittdreißiger in der Disco: Hinten reinstellen und warten, ob sich was ergibt."* (Thomas Hitzlsperger)

10. Regeln

ᚠ

Um den Fußball zu verstehen, hilft auch ein Blick auf seine Geschichte, die jedoch in der Zeit vor 1800 n.Chr. nur stückweise bekannt ist.

In China gab es um 1300 v.Chr. das dem Fußball ähnliche Spiel „Cuju", das mit einem ausgestopften Lederball gespielt wurde und das damals als militärische Übung benutzt wurde.

Um 1000 v.Chr. ist dieses Spiel zu einem Volkssport geworden und es wurden damals Regeln gegen die Gewalttätigkeiten bei diesem Spiel erlassen. Dieses Spiel wurde bis 600 n.Chr. als Nationalsport gespielt und es wurden Tore, Torhüter, Spielführer und sogar ein luftgefüllter Ball eingeführt. Um 700 n.Chr. geriet dieses Spiel jedoch völlig in Vergessenheit.

In Mittelamerika gab es ebenfalls seit mindestens 1000 v.Chr. das Ulama („Ball-spiel"). Dieses Ballspiel wurde im Kult verwendete, aber diente auch als Freizeit-beschäftigung. Während im Kult das Treten des Balls, der ein Symbol der Sonne war, verboten war, war der Fußkontakt im Freizeit-Spiel erlaubt. Dieses Ballspiel hatte einen großen Einfluss auf den europäischen Fußball.

Es gab in Mittelamerika auch Ballspiele mit Schlägern, von denen das Tennis und der Federball abstammen.

Bei den Germanen war um 1000 n.Chr. ein Mannschaftsballspiel mit einem elasti-schen Ball beliebt, der wieder in die Höhe sprang, wenn er hart auf der Erde auftraf. Wie lange Zeit vorher dieses Spiel schon gespielt worden ist, ist unbekannt.

Es scheint verschiedene Varianten dieses germanischen Spiels gegeben zu haben, das auf leeren Feldern, aber auch in Innenhöfen gespielt worden ist. Zumindest eine Variante wurde auch mit Schlägern gespielt und war daher eine Art Hockey.

Bei den Turk-Völkern in Zentralasien vor ihrer Ankunft in der Türkei gab es ein Ballspiel mit einem runden Kautschukball, der mehrere kg schwer gewesen ist.

Um 1050 n.Chr. war das Fußballspiel Tepük („Fußtritt") in der Türkei sehr beliebt. Dieses Spiel hat sich sehr wahrscheinlich aus dem früheren Ballspiel der Turk-Völker entwickelt.

In Italien und Frankreich gab es Treibballspiele, die vermutlich von den germanischen Ballspielen abstammen und während der Ausbreitung der germanischen Stämme von Nordeuropa aus in diese beiden Länder gelangt sind.

In Italien gab es seit 1400 n.Chr. das „calcio storico", das eine recht grobe Form des Fußballs war.

Nach der Entdeckung Amerikas um 1492 wurden auch die mittelamerikanischen Ballspiele in Europa bekannt. Allerdings ist darüber nur wenig Genaues bekannt.

Auf den britischen Inseln gab es ein Ballspiel, bei dem die Männer aus zwei Dörfern versuchten, einen Ball in das gegnerische Stadttor zu treiben, wobei es so brutal zuging, dass dieses Spiel mehrfach von Kirche und König verboten worden ist. Vermutlich sind auch hier die Ursprünge dieses Spiels die verschiedenen früheren germanischen Ballspiele.

Um 1800 gab es auf den britischen Inseln nur noch Reste von diesem Spiel, das sich vermutlich zu dieser Zeit bereits zu einer Art Rugby gewandelt hatte, das an den Universitäten zur Leibesertüchtigung gespielt wurde.

Nun beginnt die eigentliche Geschichte des Fußballs, der sich aus den germanischen, italienischen, französischen, mittelamerikanischen und evtl. auch den türkischen Wurzeln zusammengesetzt hat. Prägend dürfte jedoch die germanische Tradition gewesen sein.

- 1846 erste Fußballregeln durch Studenten der Universität Cambridge

- 1860 Fußball in der Schweiz

- 1863 der Ball darf nur noch mit dem Fuß gespielt werden

- 1870 Begrenzung auf elf Spieler je Mannschaft

- 1871 Trennung von Fußball und Rugby

- 1872 erstes Länderspiel Schottland – England

- 1872 Festlegung einer einheitlichen Ballgröße

- 1874 Einführung eines Schiedsrichters

- 1875 Halbzeitpause mit Seitenwechsel

- 1875 erste Fußballregeln in Deutschland

- 1877 der Schiedsrichter kann einen Spieler vom Platz verweisen

- 1878 Trillerpfeife der Schiedsrichter

- 1878 Gründung vieler englischer Fußballvereine

- 1880 Freistoß als „Strafe"

- 1880 Schienbeinschützer werden vorgeschrieben

- 1883 Einführung von zwei Linienrichtern

- 1890 Tornetz

- 1891 Strafstoß

- 1893 auf den Spielfeldern dürfen weder Bäume noch Sträucher stehen

- 1897 Foulregeln

- 1897 Verlängerung

- 1899 bezahlter Vereinswechsel erlaubt zu einem Höchstbetrag von 10£.

- 1902 der Strafraum-Halbkreis wird zum Rechteck

- 1902 Einführung des Elfmeterpunktes

- 1903 der Torwart darf nur noch im eigenen Strafraum mit der Hand spielen

- 1907 kein Abseits mehr in der eigenen Spielhälfte

- 1924 der Eckball darf direkt ins Tor geschossen werden

- 1938 Festlegung der meisten heutigen Fußballregeln

- 1939 Einführung der Rückennummern

- 1963 das Barfußspielen in Indien wird verboten

- 1969 zwei Auswechslungen

- 1970 Einführung der Gelben Karte und der Roten Karte

- 1970 Einführung des Elfmeterschießens nach Verlängerung

- 1970 Aufhebung des Fußballspielverbots für Frauen durch den DFB

- 1974 Sperre nach 3 gelben Karten

- 1983 Rote Karte für die „Notbremse"

- 1993 Verbot der „Grätsche von hinten" („Blutgrätsche")

- 1995 drei Auswechslungen

- 1995 Verlängerung der Halbzeitpause von 5 auf 15 Minuten

- 1998 Rote Karte für jedes Foul von hinten

- 1999 die „Schwalbe" wird verboten und mit der Gelben Karte bestraft

- 2022 fünf Auswechslungen

Jedes Spiel braucht genaue Regeln, damit es gespielt werden kann. Diese Regeln sind zwar auch ein tragender Teil des Fußballs, doch sie sind – wie schon die obenstehende Liste zeigt – ständig weiterentwickelt worden. Das kann man am deutlichsten anhand der Entwicklung der Abseitsregel sehen:

- Ab 1846 gab es die ersten, von Studenten festgelegten Regeln.

- Ab 1863 waren keine Pässe nach hinten mehr erlaubt.

- Ab 1866 waren Pässe hinter die drei letzten gegnerischen Spieler nicht mehr erlaubt.

- Ab 1907 waren Pässe nur in gegnerischen Hälfte nicht erlaubt.

- Ab 1920 wurde auch bei Einwürfe die Abseitsregel nicht mehr angewandt.

- Ab 1925 waren Pässe hinter den letzten gegnerischen Spieler nicht mehr erlaubt.

- Ab 1990 ist auch „gleiche Höhe der Spieler" kein Abseits mehr.

Die Einführung des Schiedsrichters um 1874 brachte eine größere Ordnung und eine bessere Einhaltung der Regeln ins Spiel. Er urteilt über alle Spielzüge und Vorfälle und kann im heutigen Fußball mit der „Gelbe Karte" eine „Drohung" aussprechen und mit der „Rote Karte" einen Spieler vom Platz verweisen. Er wird in seinem Urteil von den Linienrichtern und dem Videoassistenten unterstützt.

Ein Spiel braucht jedoch nicht nur die Regeln als festes Gerüst – auch jede Mannschaft braucht ein festes Gerüst, einen sicheren Rückhalt. Dabei ist die Beständigkeit eine wichtige Grundlage, da sich eine Gemeinschaft nur auf ihr organisch entwickeln kann.

Das gilt auch für einen Fußballverein. Diese haltgebende Beständigkeit findet sich bei manchen Fußballvereinen sowohl in der Vereinsführung (z.B. Uli Höneß), bei dem Trainer (Christian Streich, Frank Schmidt, Jürgen Klopp, Helmut Schön) und sogar bei dem Vereins-Arzt (Müller-Wohlfahrt).

Natürlich ist diese Beständigkeit keine Garantie für Erfolg, da manchmal schließlich auch neue Impulse gebraucht werden (Jogi Löw).

- - -

Fazit: Gesetze und Regeln gibt es überall, wo es Gemeinschaften von Menschen gibt. Die einen werden diese Regeln als Rückhalt empfinden, die anderen werden sie als Fessel erleben – das liegt in der Natur der Menschen.

Im Fußball sorgen diese Regeln vor allem für eine Gerechtigkeit im Spiel und dafür, dass möglichst niemand durch Fouls verletzt wird.

… übrigens: *„Lebbe geht weider …"* (Dragoslav Stepanovic)

11. Organisation

≈

Die Vereinigung der Vertragsfußballspieler (VDV) ist die Gewerkschaft der Fußballspieler. Sie bietet ihren mehr als 1400 Mitgliedern aus dem Profi-Fußball professionelle Unterstützung in den Bereichen Recht, Vorsorge, Absicherung, Bildung, Berufsplanung, Medizin, Sportpsychologie und Wettbewerbsintegrität. Weiterhin führt sie in jedem Sommer ein Trainingslager für Profis ohne Job durch.

Die Vereine sind zumindest im Profibereich zwar von der Rechtsform her Vereine, aber von der Führung her eher Großunternehmen. Sie haben eine Unternehmensphilosophie und eine „corporate identity" wie z.B. der FC Bayern München sein berühmtes „Mia san mia" („Wir sind wir.") Aufgrund der Größe der Vereine im Profifußball haben sie einen komplexen Aufbau mit mehreren leitenden Funktionen und vielen Angestellten – vom Talent-Scout über den Rasenpfleger bis hin zum Stadionsprecher.

Die meisten größeren Vereine haben viele Mitglieder – vorwiegend Fans des Vereins – und geben auch eine Vereinszeitschrift heraus.

Zu dem Vereinen gehören auch die Fanartikel-Abteilung, die z.B. T-Shirts mit den Namen beliebter Fußballer verkauft.

Es gibt auch Fußballer, die ihre gesamte Karriere über nur für einen einzigen – „ihren" – Verein gespielt haben. Diese starke Vereinsbindung macht sie in der Regel bei den Fans sehr beliebt. Solche Vereins-treuen Spieler waren bzw. sind z.B. Uwe Seeler beim HSV („Uns Uwe"), Sepp Maier und Thomas Müller beim FC Bayern München, Christian Günter beim SC Freiburg, Jonathan Tah bei Bayer Leverkusen sowie Yussuf Poulsen bei RasenBallsport Leipzig.

Die Fußballvereine sind im Allgemeinen als Liga-System aufgebaut. In Deutschland sieht dieses System wie folgt aus:

Bundesliga:		18 Mannschaften
2. Bundesliga:		18 Mannschaften
3. Liga:		20 Mannschaften
Regionalliga:	5 mal 18 =	90 Mannschaften
Oberliga:	14 mal 16-20 =	253 Mannschaften
Landesliga:	36 mal 11-20 =	1.115 Mannschaften
Bezirksliga:		ca. 1.500 Mannschaften
Kreisligen gesamt:		ca. 21.000 Mannschaften
Kreisliga A		
Kreisliga B		
Kreisliga C		
Kreisliga D		

Die gesamten Ligen sind im Deutschen Fußball Bund (DFB) organisiert, der mit den 24.000 deutschen Fußballvereinen, die 7.700.000 Mitglieder haben, der größte Sportbund in der BRD ist. Diese Größe wird deutlicher, wenn man ihn mit der Mitglieder-Zahl anderer Vereinigungen in Deutschland vergleicht:

Sportbund	24.000.000	Mitglieder
ADAC	20.000.000	Mitglieder
DFB	7.700.000	Mitglieder
Schützenbund	1.500.000	Mitglieder
Tennisbund	1.400.000	Mitglieder
Alpenverein	1.200.000	Mitglieder
Mieterbund	1.200.000	Mitglieder
Handball	760.000	Mitglieder
SPD	404.000	Mitglieder
CDU	363.000	Mitglieder
Rotes Kreuz	300.000	Mitglieder
Anglerbund	220.000	Mitglieder
Bundeswehr	182.000	Mitglieder
CSU	132.000	Mitglieder
Grüne	126.000	Mitglieder
FDP	72.000	Mitglieder
Linke	50.000	Mitglieder
AfD	40.000	Mitglieder

International ist der Fußball in der 1904 in Paris gegründeten „Fédération Internationale de Football Association" (FIFA) organisiert. Sie hat Mitglieder aus über 200 Ländern, d.h. aus so gut wie jedem Land auf der Erde. Sie ist damit genauso international wie die UNO und die Olympischen Spiele. Selbst das Rote Kreuz ist nur in ca. 100 Ländern vertreten.

Die FIFA organisiert die Fußball-Weltmeisterschaft und zusammen mit dem Internationalen Olympischen Komitee auch das Olympische Fußballturnier. Sie erwirtschaftet 1,4 Milliarden Euro pro Jahr.

Der Fußball ist offensichtlich eine weltweit verbreitete Sportart. Es gibt in fast jedem Dorf einen Fußballplatz.

Schließlich gibt es noch die Übertragung von wichtigen Fußballspielen im Fernsehen. So sahen z.B. 22,5 Millionen Zuschauer das Endspiel der EM 2024 zwischen Spanien und England – das sind 28% der gesamten Bevölkerung der BRD.

Die Fußballvereine sind auf recht unterschiedliche Weise und zu unterschiedlichen Zeiten gegründet worden. Die folgenden zwanzig Vereine sind natürlich nur eine kleine Auswahl. Sie sind chronologisch nach ihrem Gründungsdatum geordnet.

HSV: 29. September 1887 als SC Germania; Hamburg; der HSV entstand unter dem heutigen Namen am 2. Juni 1919 durch die Fusion der Vereine SC Germania von 1887, Hamburger FC von 1888 und FC Falke 06 (astrologisch eine Waage)

VfB Stuttgart: 9. September 1993 als FV Stuttgart; Stuttgart; unter dem heutigen Namen seit dem 2. April 1912 durch Fusion mit dem Kronenclub Cannstatt (astrologisch eine Jungfrau)

Eintracht Frankfurt: 4. Februar 1899; auf der Veranda des Ausfluglokals „Kuhhirten"; nach dem Sieg der Realschüler in einem Wettbewerb von Sportbegeisterten gegründet (astrologisch ein Wassermann)

SV Werder Bremen: 8. März 1899; in der Gaststätte des Frankfurter Fußballclubs Victoria: von Mitgliedern des FFC Germania gegründet (astrologisch ein Fisch)

TSG 1899 Hoffenheim: 1. Juli 1899; im Gasthaus „Zum Engel"; von Fußballbegeisterten gegründet (astrologisch ein Krebs)

FC Bayern München: 27. Februar 1900; in Schwabingen in dem café „Gisela"; von einer Abspaltung des Männer-Turn-Vereins MTV gegründet (astrologisch ein Fisch)

Borussia Mönchengladbach: 1. August 1900; im Stadtteil Eiken; von 13 Männern gegründet (astrologisch ein Löwe)

Holstein Kiel: 4. Mai 1902; in einer Gartenlaube am Knooper Weg; von drei Schülern der Hebbelschule gegründet (astrologisch ein Stier)

Schalke 04: 4. Mai 1904; in Gelsenkirchen-Schalke; gegründet durch zehn Schüler und Lehrlinge (astrologisch ein Stier)

SC Freiburg: 1904; im Vereinslokal des Freiburger Turnerbundes; durch die Fusion des Sportvereins Freiburg und des FC Schwalbe (astrologisches Sternzeichen unbekannt)

FSV Mainz 05: 16. März 1905; im Café „Neuf"; durch acht junge Männer (astrologisch ein Fisch)

Bayer Leverkusen: 1. Juni 1907; in Leverkusen; als Abteilung des werkseigenen Turnvereins gegründet (astrologisch ein Krebs)

FC Augsburg: 8 August 1907; in Augsburg als FC Alemannia gegründet, später dem TV 1871 Oberhausen und dem BC Augsburg zum FC Augsburg fusionier (astrologisch ein Löwe)

Borussia Dortmund: 19 Dezember 1909; Im Restaurant „Zum Wildschütz"; durch Mitglieder der katholischen Dreifaltigkeitsgemeinde – es kam bei der Gründung zu Handgreiflichkeiten wegen einer Debatte über die strikte Ablehnung des Fußballs durch die Kirche; der Name „Borussia" bezieht sich auf die gleichnamige Brauerei (astrologisch ein Schütze)

FC St. Pauli: 15. Mai 1910; in St. Pauli; als Abspaltung des St. Pauli Turnvereins gegründet (astrologisch ein Stier)

1. FC Heidenheim: 1911; Heidenheim; durch Ingenieure der Motoren-Firma Voith (Sternzeichen unbekannt)

VfL Bochum: 14. April 1938; Bochum; gegründet durch die Fusion eines am 18.2. 1849 gegründeten Turnvereins mit dem Turnverein Bochum 48, der Germania 06 und dem TuS Bochum (astrologisch ein Widder)

VfL Wolfsburg: 12. September 1945; in einer Baracke; zwölf Männer gründeten gleichzeitig Vereine für Fußball, Handball, Tennis, Turnen, Radsport, Boxen und Schach (astrologisch eine Jungfrau)

Union Berlin: 20. Januar 1966; im Klubhaus des Transformatorenwerkes Oberschöneweide; offizielle Gründung für die Berliner Werktätigen in der DDR (astrologisch ein Steinbock)

RB Leipzig: 19. Mai 2009; Leipzig; Gründung durch den Sponsor Red Bull, der seine Initialen „RB" erst verwenden durfte, nachdem er sie zur Abkürzung für „Rasen-Ballsport" umgedeutet hatte; er übernahm das Startrecht in der Oberliga Nordost von dem SSV Markransädt und stieg furch große Investitionen von Red Bull schnell in die Bundesliga auf (astrologisch ein Stier – passend zu „Red Bull" und passend zu der Gründung des Vereins als Werbekampagne für die Red Bull-Getränke)

20 Fußballvereine sind zu wenig, um sicher etwas über die statistische Verteilung ihrer Sternzeichen sagen zu können, aber auch dieser erste Eindruck der Verteilung ist interessant:

4 Stier

3 Fisch

2 Jungfrau, 2 Krebs, 2 Löwe

1 Waage, 1 Wassermann, 1 Schütze, 1 Widder, 1 Steinbock

0 Zwillinge, 0 Skorpion

Anscheinend ist die Suche nach einem gemeinschaftlichen Zusammenhalt des Sternzeichens Stieres sehr förderlich für die Gründung eines Vereins.

Ebenso ist das Beisammensein und das Teilhabenwollen an etwas Umfassenderen des Sternzeichens Fische förderlich.

Der Zwilling will hingegen anscheinend frei und ohne Regeln spielen – und der Skorpion hat wenig Interesse an einem Wettkampf, der ja gar kein „echter" Kampf ist

- - -

Noch ein letzter Gedanke:

Im Fußball haben einzelne Vereine – vor allem der FC Bayern München – mehrfach andere Vereine in Krisen finanziell unterstützt. Sie haben auch Benefizspiele zur Milderung von allgemeinen Krisen und Katastrophen veranstaltet.

Mittlerweile ist der Terminkalender der Vereine jedoch so voll geworden, daß solche Spiele selbst bei besten Absichten nicht mehr möglich sind. So wollte Uli Hoeneß vom FC Bayern München 2021 nach der Flutkatastrophe ein Benefiz-Spiel für die Opfer im Ahrtal veranstalten, um die Erlöse dann zu spenden und um die Solidarität mit den Flutopfern zu bekunden. Das war jedoch aus Termingründen unmöglich, sodaß Uli Hoeneß schließlich eine Million gespendet hat – die Solidarität des Vereins mit den Flutopfern ist dadurch jedoch nicht sichtbar geworden.

Das ist eine Entwicklung im Fußball, die den menschlichen Aspekt des Ganzen immer stärker in den Hintergrund drängt.

- - -

Fazit: Die Menschen organisieren sich gerne, wenn sie gleiche Ziele, Hobbys oder sonstige Anliegen haben. Die größte allgemeine Organisation ist die UNO.

Fußball ist die am weitesten verbreitete Sportart und hat daher auch die größte internationale Organisation: die FIFA.

... übrigens: *„Ich habe dem Linienrichter meine Brille angeboten. Aber auch das hat er nicht gesehen."* (Peter Stöger)

12. Fans

H

Ohne die Fans gäbe es die Fußballvereine nur als private Sporttreffen – sie wären also auf Bolzplatz-Niveau mehr oder weniger ohne Zuschauer geblieben.

Man kann bei den Fans fünf Gruppen unterscheiden:

- Ein kleiner Teil der Zuschauer besteht aus Fans, die lose an Fußball interessiert sind und Unterhaltung suchen.

- Der größte Teil der Zuschauer besteht aus Fans, die zu einem bestimmten Verein halten und ihm den Sieg wünschen.

- Ein Teil der eben genannten Vereins-treuen Zuschauer hat sich in Fanverbänden oder Fanclubs organisiert und sorgt für Fahrgemeinschaften zu Fußballspielen u.ä. Die meisten Fanclubs in Deutschland hat der FC Bayern München: 4524 Fanclubs.

- Ein kleiner Teil der Vereins-treuen Fans ist deutlich engagierter als der durchschnittliche Fan. Sie nennen sich „Ultras" und sehen sich als die Fan-Elite an, die fest zu ihrem Verein steht und ihn so gut wie möglich unterstützt und anfeuert. Sie organisieren im Stadion Gesänge und Choreographien der Zuschauer, aber hissen auch Spruchbänder aus Protest oder aus Zustimmung zu aktuellen Vorgängen im Fußball. Dabei werden sie von den „Capos" („Köpfe") mithilfe eines Megaphons angeleitet.

- Die Ultras sind nicht gewalttätig, sondern friedlich. Es gibt auch Fan-Solidaritäten zwischen verschiedenen Vereinen. Manchmal organisieren die Ultras auch andere Dinge wie z.B. Einkäufe und Botengänge für ältere Menschen und Risikopatienten während der Corona-Krise oder sie solidarisieren sich mit der „Letzten Generation" o.ä. Ihr Schwerpunkt liegt zwar im Fußball, aber ihre Bereitschaft zur

Solidarität kann sich auch auf andere Lebensbereiche erstrecken.

- Die Hooligans sind der kleine Teil der Fans, die aggressiv und gewaltbereit sind und die im Umfeld von Fußballspielen nach Prügeleien und ähnlichem suchen. Diese Hooligans sind hauptsächlich junge Männer im Alter von 17-25 Jahre. Sie treffen sich an vorher abgesprochenen Orten und greifen gegnerische Hooligans, aber oft auch Unbeteiligte an – jedoch fast ausschließlich andere Männer.

Als Grund für ihre Gewalttaten werden der Nervenkitzel, das Zusammengehörigkeitsgefühl und das Erlebnis ihrer Stärke als Gruppe genannt. Verwunderlich ist das nicht, da doch auch der Fußball ein Kampf in einer Gruppe ist, bei dem es um das Erlebnis der eigenen Stärke und den Sieg geht. Die Hooligans leben in demselben Grundgefühl wie die Fußballer, nur halten sie sich nicht an Regeln …

Aggressive Hooligan-Unruhen mit Toten hat es auch schon bei den römischen Zirkusspielen gegeben – das ist keine neue Entwicklung und lag bei der Brutalität der damaligen Zirkusspiele mit ihren wilden Tieren und Gladiatoren noch näher als beim Fußball.

Beim Eishockey, Rugby und Kricket gibt es ebenfalls Hooligans, doch sind sie dort seltener. In den Jahren zwischen 1960 und 1970 gab es auch Hooligans bei Rockkonzerten und Tanzveranstaltungen.

Die Hooligans tragen als Kennzeichen „Kutten", d.h. bestimmte Kleidungsstücke, die oft der Kleidung von Motorrad-Rockern gleichen.

Viele Fans tragen ein T-Shirt mit der Spielernummer und dem Namen ihres Fußball-Idols. Das ist eine schlichte Form der Identifikation mit dem Ideal. Ähnliches gibt es auch in vielen anderen Bereichen – z.B., wenn sich die Fans von Taylor Swift bei deren Konzerten ähnlich wie die Sängerin kleiden und schmücken. Auch die Pin-Up-Poster von Rockstars, Karate-Kämpfern oder Formel 1-Fahrer an der Wand des eigenen Zimmers haben diese Funktion der Verbindung mit dem Idol.

Früher dienten den Jugendlichen die Götter aus den Mythen und die Helden aus den Sagen als Vorbilder – heute sind das eben Fußballer, Sänger und Filmstars. Diese Nische ist von den Zeichnern vieler Comics gut erkannt worden und von den

Machern der Marvel-Filme (MCU) wiederbelebt worden. Man kann inzwischen sogar Marvel-Helden-Kostüme kaufen und es gibt Comic-Conventions, auf denen die Teilnehmer als ihre Helden verkleidet erscheinen.

Die Helden in den MCU-Filmen stehen als Bild zwischen Helden und Göttern und sind eben das, was man früher meistens „Halbgötter" nannte – oder in modernem Sprachgebrauch „Superhelden". Die Vielfalt der Gestalten (Iron Man, Captain America, Dr. Strange, Hulk, Black Widow, Hawkeye usw.) hält für jeden Fan-Typ einen passen Helden bereit.

Im Vergleich dazu sind die „Fußball-Superhelden" zwar weit weniger vielfältig, dafür kann man sie aber „live" und „in echt" auf dem Fußballplatz sehen und evtl. sogar ein Autogramm von ihnen bekommen.

Bei Fußballspielen gibt es ähnlich wie bei Konzerten auch den „Masseneffekt", d.h. das Mitgerissenwerden durch die Stimmung im Stadion. Da ein Fußballspiel jedoch ein Kampf und keine Musikdarbietung ist, ist die Stimmung heftiger und die Stimmungsäußerungen der Fans sind weitaus hemmungsloser.

Es gibt noch einen Effekt, den man zwar auch als Zuschauer spüren kann, aber den man erst als Akteur wirklich erleben kann: die Wirkung des Anfeuerns. Dabei wird von den Fans „Lebenskraft" auf den Fußballer bzw. Sportler übertragen, was man als Sportler sehr deutlich erleben kann. Auf dieser Übertragung der Lebenskraft auf die Sportler beruht auch der „Heimvorteil", also die größere Chance, daheim im eigenen Stadion zu siegen las auswärts in einem anderen Stadion – daheim sind mehr Fans der Heim-Mannschaft im Stadion als Fans von auswärts.

Lebenskraft ist zwar kein naturwissenschaftlich anerkanntes Konzept, aber ein Konzept, daß in allen Religionen und magisch-spirituellen Weltanschauungen zu finden ist. Mithilfe dieses Konzepts wir u.a. auch telepathische Phänomene beschrieben. Doch die Wirkung des Angefeuert-werdens läßt sich nicht theoretisch erklären, sondern nur erleben – am besten als Sportler oder (wenn das nicht möglich ist) ansonsten als Zuschauer.

- - -

Fazit: Wie wichtig eine Sache wird, hängt immer auch davon ab, wie viele Menschen bei ihr mitmachen, sie sehen wollen oder auf sonst eine Weise an ihr teilhaben wollen.

In dieser Hinsicht ist Fußball mehr oder weniger auf einer Höhe mit der Religion und der Politik, die – wie eingangs schon erwähnt – die drei Themen sind, über die sich die Menschen (meistens Männer) am besten streiten können.

... übrigens: *„Nach dem Spiel ist vor dem Spiel."* (Sepp Herberger)

Bücher von Harry Eilenstein

Magie für Anfänger
- Telepathie für Anfänger (60 S.)
- Telepathie für Fortgeschrittene (52 S.)
- Telekinese für Anfänger (52 S.)
- Analogien für Anfänger (56 S.)
- Omen und Orakel für Anfänger (52 S.)
- Lebenskraft für Anfänger (60 S.)
- Meditation für Anfänger (56 S.)
- Kundalini für Anfänger (100 S.)
- Hypnose für Anfänger (56 S.)
- Kampfmagie für Anfänger (172 S.)
- Auto-Movement für Anfänger (56 S.)
- Chakra-Magie für Anfänger (148 S.)
- Astralreisen für Anfänger (56 S.)
- Astrologie für Anfänger (120 S.)
- Astrologische Quadrate für Fortgeschrittene (72 S.)
- Partnerhoroskope für Anfänger (100 S.)
- Silberschnüre für Anfänger (52 S.)
- Zaubersprüche für Anfänger (60 S.)
- Ritual-Magie für Anfänger (56 S.)
- Mandalas für Anfänger (68 S.)
- Geldzauber für Anfänger (56 S.)
- Liebeszauber für Anfänger (52 S.)
- Invokationen für Anfänger (52 S.)
- Evokationen für Anfänger (60 S.)
- Geister für Anfänger (52 S.)
- Elfen für Anfänger (56 S.)
- Magie-Forschung für Anfänger (140 S.)
- Magie-Romantik für Anfänger (60 S.)
- Selbsterkenntnis für Anfänger (52 S.)
- Einweihungen für Anfänger (60 S.)
- Drogen-Kabbala für Anfänger (216 S.)
- Zahlensymbolik für Anfänger (60 S.)
- Die Sprache des Mondes – für Anfänger (116 S.)
- Zaubergesänge für Anfänger (100 S.)
- Zukunftschau für Anfänger (60 S.)
- Schamanismus für Anfänger (52 S.)
- Schwitzhütten für Anfänger (52 S.)
- Magische Gegenstände für Anfänger (68 S.)
- Übertragungen für Anfänger (68 S.)
- Zaubertränke für Anfänger (64 S.)
- Magie-Gesten für Anfänger (252 S.)
- Da'ath-Magie für Anfänger (64 S.)
- Magie-Heilungen für Anfänger (68 S.)
- Kornkreise für Anfänger (348 S.)
- Feng Shui für Anfänger (96 S.)
- Tao für Anfänger (112 S.)
- Magie für Anfänger – Sammelband   I (696 S.)
- Magie für Anfänger – Sammelband   II (664 S.)
- Magie für Anfänger – Sammelband III (580 S.)
- Magie für Anfänger – Sammelband IV (700 S.)
- Magie für Anfänger – Sammelband   V (676 S.)
- Magie für Anfänger – Sammelband VI (640 S.)

Magie
- Handbuch für Zauberlehrlinge (408 S.)
- Wie man das Pentagramm-Ritual zum Leben erweckt (308 S.)
- Tarot (104 S.)
- Physik und Magie (184 S.)
- Die Synthese von Physik und Magie (200S.)
- Die Magie-Formel (156 S.)
- Schwarze Löcher in der Magie (56 S.)
- Krafttiere – Tiergöttinnen – Tiertänze (112 S.)
- Schwitzhütten (524 S.)
- Mythen und Magie der Harfe (116 S.)
- Drei Adeptus Major Rituale (192 S.)
- Drei Adeptus Exemptus Rituale (120 S.)
- Zwei Infans Abyssi Rituale (128 S.)

Traumreisen
- Traumreisen zu Heilpflanzen (700 S.)
- Traumreisen zum kabbalistischen Lebensbaum (132 S.)

Meditation
- Der Lebenskraftkörper (230 S.)
- Die Chakren (100 S.)
- Das Chakren-System mit den Nebenchakren (296 S.)
- Organe und Chakren (64 S.)
- Die platonischen Körper in den Chakren (156 S.)
- Meditation (140 S.)
- Drachenfeuer (124 S.)
- Kundalini I (676 S.)
- Kundalini II (672 S.)
- Reinkarnation (156 S.)
- einsgerichtet (140 S.)

Astrologie
- Astrologie (496 S.)
- Photo-Astrologie (428 S.)
- Die astrologischen Aspekte (88 S.)
- Horoskop und Seele (120 S.)

Kabbala
- Kursus der praktischen Kabbala (150 S.)
- Eltern der Erde (450 S.)
- Blüten des Lebensbaumes:
    1. Die Struktur des kabbalistischen Lebensbaumes (370 S.)
    2. Der kabbalistische Lebensbaum als Forschungshilfsmittel (580 S.)
    3. Der kabbalistische Lebensbaum als spirituelle Landkarte (520 S.)
- Logik und Wirkung der Analogie (700 S.)

Eilenstein, Frater V.D., Knecht, Büdenbender
- Magie heute – Berichte aus der Praxis (288 S.)

Büdenbender, Eilenstein
- Chaos, Alk und Magic (436 S.)

Germanen

1. Die Entwicklung der germanischen Religion (556S.)
2. Lexikon der germanischen Religion (576S.)
3. Der ursprüngliche Göttervater Tyr (584S.)
4. Tyr in der Unterwelt: der Schmied Wieland (228S.)
5. Tyr in der Unterwelt: der Riesenkönig 1 (448S.)
6. Tyr in der Unterwelt: der Riesenkönig 2 (452S.)
7. Tyr in der Unterwelt: der Zwergenkönig (304S.)
8. Der Himmelswächter Heimdall (140S.)
9. Der Sommergott Baldur (228S.)
10. Der Meeresgott: Ägir, Hler und Njörd (176S.)
11. Der Eibengott Ullr (148S.)
12. Die Zwillingsgötter Alcis (292S.)
13. Der neue Göttervater Odin 1 (672S.)
14. Der neue Göttervater Odin 2 (160S.)
15. Der Fruchtbarkeitsgott Freyr (320S.)
16. Der Chaos-Gott Loki (608S.)
17. Der Donnergott Thor (600S.)
18. Der Priestergott Hönir (76S.)
19. Die Göttersöhne (204S.)
20. Die unbekannteren Götter (248S.)
21. Die Göttermutter Frigg (220S.)
22. Die Liebesgöttin: Freya und Menglöd (424S.)
23. Die Erdgöttinnen (212S.)
24. Die Korngöttin Sif (104S.)
25. Die Apfel-Göttin Idun (144S.)
26. Die Hügelgrab-Jenseitsgöttin Hel (288S.)
27. Die Meeres-Jenseitsgöttin Ran (112S.)
28. Die unbekannteren Jenseitsgöttinnen (384S.)
29. Die unbekannteren Göttinnen (308S.)
30. Die Nornen (328S.)
31. Die Walküren (636S.)
32. Die Zwerge (424S.)
33. Der Urriese Ymir (220S.)
34. Die Riesen (384S.)
35. Die Riesinnen (368S.)
36. Mythologische Wesen (280S.)
37. Mythologische Priester und Priesterinnen (220S.)
38. Sigurd/Siegfried (672S.)
39. Helden und Göttersöhne (628S.)
40. Die Symbolik der Vögel und Insekten (496S.)
41. Die Symbolik der Schlangen, Drachen und Ungeheuer (616S.)
42.a Die Symbolik der Herdentiere 1 (448S.)
42.b Die Symbolik der Herdentiere 2 (304S.)
43. Die Symbolik der Raubtiere (372S.)
44. Die Symbolik der Wassertiere und sonstigen Tiere (164S.)
45. Die Symbolik der Pflanzen (192S.)
46. Die Symbolik der Farben (124S.)
47. Die Symbolik der Zahlen (640S.)
48. Die Symbolik von Sonne, Mond und Sternen (596S.)
49.a Das Jenseits 1 – Das Hügelgrab (428S.)
49.b Das Jenseits 2 – Der Jenseitsweg (484S.)
50. Astralreise, Seelenvogel, Utiseta und Einweihung (420S.)
51. Wiederzeugung und Wiedergeburt (476S.)
52. Elemente der Kosmologie (412S.)
53. Der Weltenbaum (324S.)
54. Die Symbolik der Himmelsrichtungen und der Jahreszeiten (276S.)
55.a Mythologische Motive 1 – Aufbau (492S.)
55.b Mythologische Motive 2 – Vorgänge (480S.)
56. Der Tempel (397S.)
57. Die Einrichtung des Tempels (696S.)
58. Priesterin – Seherin – Zauberin – Hexe (428S.)
59. Priester – Seher – Zauberer (300S.)
60. Rituelle Kleidung und Schmuck (140S.)
61. Skalden und Skaldinnen (92S.)
62. Kriegerinnen und Ekstase-Krieger (224S.)
63. Die Symbolik der Körperteile (340S.)
64.a Magie und Ritual 1 – Magie (608S.)
64.b Magie und Ritual 2 – Kult (592S.)
64.c Magie und Ritual 3 – Heilung (192S.)
65. Gestaltwandler (316S.)
66.a Magische Angriffs-Waffen (660S.)
66.b Magische Verteidigungs-Waffen (328S.)
67. Magische Werkzeuge und Gegenstände (348S.)
68. Zaubersprüche (340S.)
69. Göttermet (416S.)
70. Zaubertränke (72S.)
71. Träume, Omen und Orakel (284S.)
72. Runen (252S.)
73. Sozial-religiöse Rituale (328S.)
74. Weisheiten und Sprichworte (540S.)
75. Kenningar (664S.)
76. Rätsel (160S.)
77. Die vollständige Edda des Snorri Sturluson (512S.)
78. Frühe Skaldenlieder (224S.)
79.a Mythologische Sagas 1 (488S.)
79.b Mythologische Sagas 2 (372S.)
80. Hymnen an die germanischen Götter (684S.)

nicht Teil der Germanen-Reihe:
- Odin (300 S.)

Kelten
- Cernunnos (690 S.)
- Taliesin (228 S.)
- Der Kessel von Gundestrup (220 S.)
- Der Chiemsee-Kessel (76)

Inder
- Dakini (80 S.)
- Vajra (76 S.)

Griechen
- Pan (336 S.)
- Poseidon (668 S.)

Religion allgemein
- Die sieben Schritte des Lebens (428 S.)
- Muttergöttin und Schamanen (168 S.)
- Totempfähle (440 S.)
- Der Urriese (168 S.)

Jungsteinzeit
- Göbekli Tepe (472 S.)
- Die Göttin von Göbekli Tepe (144 S.)
- Die Rituale von Göbekli Tepe (112 S.)

Ägypten
- Hathor und Re 1: Götter und Mythen im
  im Alten Ägypten (432 S.)
- Hathor und Re 2: Die altägyptische Religion
  – Ursprünge, Kult und Magie (396 S.)
- Isis (508 S.)
- Ma'at (200 S.)

Indogermanen
- Die Entwicklung der indogermanischen
  Religionen (700 S.)
- Wurzeln und Zweige der indogermanischen
  Religion (224 S.)

Christentum
- Christus (60 S.)
- Die Biographie des Teufels (144 S.)
- Die Magie der Propheten Elias und Elisa (96 S.)

Psychologie
- Über die Freude (100 S.)
- Das Geheimnis des inneren Friedens (252 S.)
- Das Beziehungsmandala (52 S.)
- Gefühle und ihre Verwandlungen (404 S.)
- einsgerichtet (140 S.)
- Liebe und Eigenständigkeit (216 S.)
- Von innerer Fülle zu äußerem Gedeihen (52 S.)
- Kreative Hochzeits-Rituale (56 S.)

Heilung
- Die Symbolik der Krankheiten (76 S.)

Kunst
- Herz des Tanzes – Tanz des Herzens (160 S.)
- Die Wurzeln der Kunst (60 S.)
- Wege zur Musik-Improvisation (32 S.)

Drama
- König Athelstan (104 S.)

Roman
- Maran der Schamane (548 S.)
- Maran der Zauberlehrling (676 S.)
- Maran der Harfner (700 S.)
- Maran der Krieger (700 S.)
- Maran der Magier (900 S.)
- Maran der Weise (900 S.)

Entwürfe für die Zukunft
1. Die 12 Stile des Tierkreises (164 S.)
2. Die 12 Gedanken zur Energie (108 S.)
3. Die 12 Phänomene der Schwingungen (60 S.)
4. Die 12 Qualitäten des Wassers (92 S.)
5. Die 12 Fundamente des Wohnens (96 S.)
6. Die 12 Grundprinzipien einer umfassenden
   Gesundheit (32 S.)
7. Die 12 Zonen des menschlichen Körpers (80 S.)
8. Die 12 Zutaten der Ernährung (60 S.)
9. Die 12 Flüge der Bienen (148 S.)
10. Die 12 Sichtweisen auf Genußmittel und Drogen (96 S.)
11. Die 12 Möglichkeiten der ganzheitlichen Medizin (92 S.)
12. Die 12 Ansichten über das Impfen (36 S.)
13. Die 12 Leitlinien der Erziehung (44 S.)
14. Die 12 Richtungen des Denkens (84 S.)
15. Die 12 Arten des Lernens (56 S.)
16. Die 12 Seiten einer umfassenden Bildung (36 S.)
17. Die 12 Ansätze zu effektivem Handeln (76 S.)
18. Die 12 Konzepte der Arbeit (48 S.)
19. Die 12 Arten der neuen Technologien (36 S.)
20. Die 12 Betrachtungsweisen der künstlichen
    Intelligenz (48 S.)
21. Die 12 Eigenheiten des Geldes (40 S.)
22. Die 12 Funktionen der Steuern (56 S.)
23. Die 12 Betrachtungsweisen der Sozialberufe (60 S.)
24. Die 12 Strategien der Macht (64 S.)
25. Die 12 Anforderungen an ein neues Wertesystem (48 S.)
26. Die 12 Bausteine einer neuen Gesellschaftsform (52 S.)
27. Die 12 Tore zur Sophikratie (80 S.)
28. Die 12 Pfade zum Frieden (48 S.)
29. Die 12 Säulen des Naturrechts (56 S.)
30. Die 12 Grundlagen der Beziehungen (52 S.)
31. Die 12 Spielfelder des Fußballs (108 S.)
32. Die 12 Wege der Kunst (60 S.)
33. Die 12 Wurzeln eines erfüllten Lebens (44 S.)
34. Die 12 Bereiche des Bewußtseins (56 S.)
35. Die 12 Tempel der Religionen (84 S.)
36. Die 12 Aspekte eines einheitlichen
    spirituell-physikalischen Weltbildes (72 S.)
37. Die 12 Dynamiken der Verwandlung (44 S.)
- Sammelband 1 „Natur" (492 S.)
- Sammelband 2 „Gesundheit" (512 S.)
- Sammelband 3 „Bildung" (524 S.)
- Sammelband 4 „Gesellschaft" (416 S.)
- Sammelband 5 „Psyche" (380 S.)

die „Anfänger"-Reihe
- The Synthesis of Physics and Magic (192 p.)
- Telepathy for Beginners (60 p.)
- Telepathy for Advanced Learners (52 p.)
- Telekinesis for Beginners (56 p.)
- Life Force for Beginners (76 p.)
- Kundalini for Beginners (104 p.)
- Astral Projection for Beginners (60 p.)
- Meditation for Beginners (60 p.)
- Prophecy for Beginners (60 p.)
- Ritual Magic for Beginners (64 p.)
- Magic Chant for Beginners (108 p.)
- Invocations for Beginners (52 p.)
- Evocations for Beginners (62 p.)
- Auto-Movement for Beginners (60 p.)
- Elves for Beginners (56 p.)
- Hypnosis for Beginners (56 p.)
- Love Magic for Beginners (52 p.)
- Money Magic for Beginners (60 p.)
- Magic Objects for Beginners (64 p.)
- Shamanism for Beginners (52 p.)
- Chakra-Magic for Beginners (148 p.)
- Language of the Moon – for Beginners (128 p.)
- Self Knowledge for Beginners (60 p.)
- Da'ath-Magic for Beginners (64 p.)
- Astrology for Beginners (112 p.)
- Number Symbolism for Beginners (64 p.)
- Mandalas for Beginners (76 p.)
- Crop Circles for Beginners (344 p.)
- Feng Shui for Beginners (96 p.)
- Magic Research for Beginners (140 p.)
- Magic for Beginners – Anthology I (636 p.)
- Magic for Beginners – Anthology II (616 p.)
- Magic for Beginners – Anthology III (684 p.)
- Magic for Beginners – Anthology IV (580 p.)

Eilenstein, Frater V.D., Knecht, Büdenbender
- Living Magic (261 S.) (= „Magie heute")

sonstige englische Ausgaben
- The Biography of the Devil (140 S.)
- The Synthesis of Physics and Magic (192 S.)
- The Chakra-System with the Minor Chakras (304 S.)